JN084020

教科指導法シリーズ
改訂第2版

小学校指導法

音 楽

梅沢一彦
編著

玉川大学出版部

改訂第2版まえがき

　2017年3月の告知から移行期間を経ていよいよ2020年4月，学習指導要領が改訂される。育成すべき資質，能力について下記のような3つの柱が指針とされた。

1. 学びに向かう人間性等……どのように社会，世界との関わり，より良い人生を送るか。
2. 知識・技能……何を理解しているか，何ができるか。
3. 思考力・判断力・表現力等……理解していること，できることをどう使うか。

　いずれもアクティヴ・ラーニングで進められるよう具体的に示されている。一方教材についての変更はなされていない。相変わらず明確な教材研究の基，良い教材を見出さなければならない。そういった意味で本書を利用してもらいたい。

　多くの音楽科指導法の指導書，参考書が出版されている中，本書においては，そのまま実践で使用できることを目指した。学習指導要領に基づいて学習指導案を中心にその解説と具体的な曲をまとめ，それらがなぜ子どもたちに適切であるのかを端的に示したつもりである。本書の出版にあたっては，多くの教員が現場で「音楽」を担当するのに苦労していることにも後押しされた。音楽の専科の先生が担当する場合も多いが，みなさんには，このテキストを参考にぜひ積極的に「音楽」を担当してもらいたいと思う。子どもが「音楽」と接する場面は小学校生活において授業に限らない。朝のつどい，運動会，入学式，卒業式どんな行事でも「音楽」は欠かせないアイテムであろう。こうしたさまざまな場面で的確に，また適正に提供できるよう学習指導案に沿って書き表したものが本書である。

　学習するにあたっては，第1章にまとめた項目をよく理解し，その項目に準拠しながら各章の学習指導案を読み解いていくと，自然にどんな教材を，どのように子どもに提供することがよいかが一つの方法として身につくはずである。また学習指導案の形式はあえて統一していない。各学校，または指導の先生によってもそれが違う。いろいろな表現があってよいと思う。本書を読み自分にあった書き方を探してほしい。

　各学年，教材，方法・技術，教師の観点から詳細に執筆者に執筆をお願いし

たが，残念なことに紙面の都合で，カットせざるを得ない箇所が多いこともここに記しておきたい。

　難しい理屈よりまずは，音楽の本質である楽しむことに主眼を置いて，授業にあたってほしい。子どもがみんな音楽の専門家になるのではない。また音楽は，これが最上といったこともないのだから。

　音楽が必ずしも得意でないみなさんであっても，得意なみなさんでも，本書の学習指導案に沿って授業を進めると，そこには必ず子どもの笑顔があること請け合いである。ぜひ活用してほしい。

梅沢一彦

目次

Ⅰ　音楽表現の楽しさ

音楽指導の観点と要点

　指導法はすべて「学習指導要領」に準拠し進められる。「音楽」をすることのすべてといってよいほど多くの事柄が列挙されている。その中にあって子どもにどんな音楽をどのような方法で実践するか，そこにはどんな技術が必要なのかを全編にわたり具体的に示した。この章では教材をどのような観点で吟味するか，また指導の要点をまとめた。指導の前に教師がその音楽の良さを知り好きになることが，適切な音楽指導の第一歩と考える。

キーワード　聴く（聞く）　歌う　楽器を奏でる　創作する

第1節　「音楽」の多様性と授業のあり方

　「音楽」とひと口にいってもさまざまな形態があることは承知している。講義の中で「音楽」とは何か，もしくは自分にとって「音楽」とは何か，といった質問をし，音楽環境について話を聞いてみるとほとんどの学生は「聴く」「聞く」についての事柄を述べる。果たして「音楽」とはどんなものなのか，またどんな活動があるのかを最初に確認したい。

①聴く（聞く）こと……聴こうとしてしっかり聴くことも，BGMのように何となく聞こえる音も。
②奏でること（演奏）……歌うこと，楽器を演奏することがこれにあたる。
③創作すること……作曲編曲などがこれにあたる。

BGMなどは「音楽」の授業では扱わないが，大きく分けて三つの音楽活動があり，また学習指導要領ではどのように扱われるのかも各自確認したい。

表現（歌唱・器楽・音楽づくり）

本来，音楽活動としては「演奏する」ことと「創作」，つまり作曲，編曲することは別の活動であるが，「表現」として領域を括っているところに，音楽的専門性を求めるというより，子どもの発達に合わせた生活に結びつく音楽を授業で実施されることを学習指導要領から読み取ることができる。

鑑賞

言うまでもなく，CDやDVDの鑑賞。できれば生演奏を聴く機会を提供したい。難しく考えずとも保護者の方や，子どもたちの中にもピアノやヴァイオリン，琴，三味線，お囃子などをやっている人を見つけることはそう難しくないと思う。基本はまず生演奏。崇高な先達の残したクラシックに誘うためCDやDVDを用いることは有効だが，45分間CD流しっぱなしなどはもってのほか。子どもにとって苦痛な音楽の時間にはしないよう十分な配慮が必要である。

これらのことを，具体的に各章で記す。

第2節　教材について

学習指導要領を一読すると教材についての記述が少ないことに気づく。指導者の自由な差配により教材が選ばれ実施されている。それだけに教材を研究し適切な曲を提供することは重要なことになる。

教材＝曲

音楽科において教材とはイコール曲そのものである。まずこのことを認識したい。したがってここで言う教材研究は，曲研究（分析）に他ならないのである。
なぜこの曲が，子どもに適切と言えるのかを探求することこそ明確な指導のもとといえる。ではどのような観点で曲を研究し，適切な曲として使用できる

のか考察したい。

1. 音楽を形づける大きな三つの要素

「音楽」。読んで字のごとく大いに音楽を楽しんでもらうために，指導にあたる側は理論のある程度の理解も必要である。楽しむためにルールや構造，記号などを理解することは適切な指導にもつながる。確実に覚えたい。

(1) リズム
・いろんな音符や休符からできている。
・音楽が止まらないのはリズムがあるから。
・スウィングできるのもリズムがあるからといえる。

　時間を縦割りに一定の規則性を表したもの。刻まれた均等の区切りを「拍」と呼び，「拍」がまとまった形が「拍子」でリズムをつくる基本の単位である。また「小節」は一定のリズムを含んだ楽譜の区切りである。

(2) メロディー
・曲の美しさ，楽しさなどを決定づける大きな要素。
・主題から変奏（バリエーション）することもある。
・繰り返されたり変化を見せたりするが，覚えやすいフレーズである。

　音の高低，長短が継続的に運動してゆく。時間を高低，長短を伴って横切り音の規則性を表す。

(3) ハーモニー
・曲の雰囲気（性格）を一番表すのがハーモニー。
・メロディーを支えて色づけをし，性格を表す。
・もともとギリシャ語の，調和という意味のハルモニアから生まれた。

　二つ以上の音が重なってできる相互関係。一定の時間を音の重なりで特徴づける。同じメロディーでもハーモニーを変えることで，がらりと雰囲気が変わる。

他にも，リズムだけの音楽，ハーモニーをもたないメロディーなどもあることを理解しておきたい。

2. 音楽の色づけに必要ないくつかの要素

(1) 音色

その音が声なのか楽器なのか，といったこと，そして倍音などによって生ずる色合いの違いのことをいう。音楽を仕上げていくのに一番大切な要素。

(2) 速さ

曲を生かせる速さの決定は（速度表示されている場合が多い）大切なこと。速すぎたり遅すぎたりしないよう，メトロノームなどを使って確認することが大切である。

(3) 強弱

音の大きさ，音圧の度合いとの相互関係のこと。曲に強弱をつけるだけでもどんな曲も生き生きとしてくる。

(4) 形式

曲全体の構造と仕組みのこと。Aメロ，Bメロ，サビなど一般的にカラオケなどではしばしば使われている言葉。メロディーの形から1部形式，2部形式などと呼ばれる。メロディーの形が変わることを感知できれば，形にとらわれることはない。一つの要素として知っておきたい。

(5) 歌詞

歌唱には言葉，つまり歌詞がある。音楽的要素ではないかというとそんなことはない。言葉も音声を伴う音楽として捉え，歌詞の内容ももちろんであるが，言葉自身がもつ音の響きにも着目したい。歌詞を朗読するように流麗に歌いたい。

これらの要素を十分に検討し，以下で具体的な学習指導案をまとめた。実際それを使って授業するのもよいが，自身で新しく教材を発掘しこれらのことを検証，提供してほしい。

第3節　技術・方法について

　学習指導要領にも共通事項や指導計画の作成と内容の取り扱いの部分で，音楽の理論的要素，楽典について触れている。必要最小限のことであるから授業で理解を促したい。しかし，理論ばかりの授業などはもってのほかで，実践の中（音楽）で少しずつ理解を深めていくことが寛容である。共通事項の扱いは，むしろ学習計画を助ける項目と理解するとよい。指導の目安，観点と捉えるとよいだろう。

　高い技術や，深い音楽理論の理解が，高い音楽性を導くことは間違いないが，小学校での音楽授業は音楽専門家に育てることを目的としていない。表現及び鑑賞の活動を通して，音楽的な見方・考え方を働かせ，生活や社会の中の音や音楽と豊かに関わる資質・能力を次のとおり育成することを目指す。

　（1）曲想と音楽の構造などとの関わりについて理解するとともに，表したい音楽表現をするために必要な技能を身に付けるようにする。
　（2）音楽表現を工夫することや，音楽を味わって聴くことができるようにする。
　（3）音楽活動の楽しさを体験することを通して，音楽を愛好する心情と音楽に対する感性を育むとともに，音楽に親しむ態度を養い，豊かな情操を培う。

となっている。

第4節　音楽を指導する教師の資質・能力について

　ここでは，教師がどうあるべきかといった教師論でなく，音楽を指導するにあたり教師がどんな資質を備えていることが望ましいのかを考えたい。難しくはない。「音楽」が好きになる努力ができるなら誰でも担当できると考えている。

（1）音楽を愛好する努力ができること

　一番大切なことである。苦手なものでも考えてみよう。好きな音楽を聴いたり，カラオケで歌ったり，好きな楽器を奏でたり，意外にこれはすでに誰もがしている努力ではないだろうか。音楽はどうも苦手でなどといわず，ほんの少しの努力をして音楽を担当したい。

（2）歌えること

　なんの準備がなくともみんなが集まればできる音楽は，歌うことである。正しい発声法で，音程を正しく，リズム感があり歌えることに越したことはないが，まずは体全体で音楽を表現できるようにしたい。正しい発声をそんなに簡単に指導したり，子どもに押しつけたりすることで，歌声が消えてしまうようなことは避けたい。先にも述べたが性急な技術の向上を目指すあまり「音楽」がもつ，幅広い感覚や感性を失いたくはない。音楽の授業に限らず子どもはカラオケにしても歌う機会は多くなっている。我々もまた然りである。

（3）楽器ができること

　ピアノを中心とした鍵盤楽器が弾けることは，指導にあたり大きなアドヴァンテージであろう。ピアノに限らずギター，リコーダーなどどんな楽器でも子どもの歌唱のフォローとしてなんらかの楽器ができることは，明確な指導の一つの鍵である。第11章に共通教材の簡易伴奏譜を掲載した。その方法や音源については下記を参考にしてほしい。ピアノに一度も触れたことがない学生が4カ月弱（セメスター）で少なくも4〜5曲のレパートリーをもつ例もある。少しの努力で子どもたちの支えになるのだから，ぜひやってほしい。

● 『誰でもすぐ弾けるピアノ伴奏〜実習生・保育者・教員おたすけ楽譜集』（2020年（改訂版），梅沢一彦編　ケイ・エム・ピー）
● 『目と耳で覚えるピアノ伴奏〜実習生・保育者・教員おたすけCD&DVD』（2015年，梅沢一彦監修　キングレコード）

（4）指揮ができること

　ここで言う指揮は，オーケストラや吹奏楽の指揮ができるということでなく，普段の指導ができる，つまり教育の現場において指揮ができる＝指導ができる

として捉えてほしい。形や方法にこだわることなく腕で音楽を表出してもらいたい。とはいえ、ごく基本の指揮法についても後の章に示したので参考にしてほしい。

（5）作編曲ができること

　作編曲などとんでもないと思われがちだが、安心してほしい。音楽の構造がある程度理解できると、案外と簡単にできるのである。事実教育の現場において行われている例をいくつも筆者は知っている。これも音楽づくりの項で具体的に示されているが、IT機器を使った作編曲のソフトも子どもの興味という点から大いに推奨したい。参考にいくつか紹介しておく。

●小学校向け教育用統合ソフト「キューブきっず」(2015年, スズキ教育ソフト)
● 「スコアメーカー」(2018年, KAWAI)
● 「GVIDO」(2018年, 大手楽器店, apple社)

より深く学習するための参考文献

梅沢一彦編著『教科力シリーズ　小学校音楽』玉川大学出版部, 2015年
文部科学省「小学校学習指導要領（平成29年告示）」東洋館出版社, 2018年

第 2 章

表現（歌唱1）

就学前の幼稚園，保育園では習慣やしつけを目的にさまざまな歌を歌っている。歌を歌う習慣はあるが，声を出すこと，言葉や習慣，季節を知るのを目的に歌っているため，小学校音楽の目標と異なる部分も多い。低学年の歌唱では「歌が大好き」な気持ちを大切に，音程やリズムといった音楽的要素の学習に取り組みたい。音程を意識させると当然苦手な児童も出てくる。手を使って音の高低を意識させ，声の出し方をゆっくりと指導者が教えていくことが必要となる。いかなる場合においても，児童が挑戦したことに対しては褒め，前向きなアドバイスを与え続けるよう心がける。不安や恐怖は体を萎縮させ音楽の上達を妨げるだけであることを常に胸に刻んでおくべきである。

キーワード　手遊び　歌まね　音程　テンポ　拍子

第1節　第1学年「テンポに乗って歌おう」

1. 指導案

(1) 目標
○テンポに乗って体を動かそう。
○テンポに乗って歌唱しよう

(2) 本時（1／1時）

	学習内容	指導上の留意点（・）と評価（◆）
導入	手遊び 「なべなべそこぬけ」 「やきいもグーチーパー」 「きしゃポッポ」を歌唱する。	・全身を使ってできているか留意する。 ・「なべなべ」は二人一組で行う。 ・のびのびと手遊びできるよう，ピアノは使用せず児童と向き合って行う。 ・歌唱しながら輪になって拍に合わせて歩く。 ・1番のみを繰り返しながら，繰り返すごとに曲のテンポを変え，テンポに合わせて歩けるようにする。 ◆テンポに乗って歩けているか。〈①〉
展開	(1)「やまびこごっこ」を音読する。 本時の目標を知る。 「テンポに乗って歌おう」	・やまびこを理解するために「ヤッホー」「おはよう！」などのやまびこをする。 ◆積極的にやまびこ遊びに参加しているか。〈③〉 ・教室の端と端に分かれて「やまびこごっこ」の歌詞を教師対児童や児童対児童で音読する。 ◆やまびこのおもしろさを感じながら音読できているか。〈②〉
	(2)「やまびこごっこ」を歌唱する。	・1フレーズずつ範唱して音を取る。 ・叫ぶのではなく，歌唱するように指導する。 ・2分音符，休符に留意する。 ◆正しい音程，リズムで歌唱できているか。〈①〉
	(3)「やまびこごっこ」を発展させる。	・クラスを半分に分け歌唱する。 ・テンポよく歌唱できるように留意する。 ・やまびこのようにするには声の強さをどのようにすればよいか話し合う。 ◆積極的に自分の意見を発言しているか。〈②〉 ・人数のバランスや歌い方のテンポを変えるなどして歌唱する。 ◆曲の強弱を工夫して表現しているか。〈②〉
まとめ	「やまびこごっこ」を歌唱する。	・クラスを分け「やまびこごっこ」を歌唱する。 ◆テンポに乗って，相手グループとの掛け合いを感じ取りながら歌唱できているか。〈②〉

(3) 評価計画

①知識・技能

・テンポに乗って歩いたり，歌唱したりできているか。

②思考・判断・表現
　・全身を使ってのびのびと表現できているか。
　・テンポの違いに気付き，表現の工夫をしているか。
③主体的に学習に取り組む態度
　・積極的に新しい曲を覚えようとしているか。

2．実践編

〈導入〉
（1）手遊び

　手遊びは音楽の授業に入ることを児童に意識させるために重要な意味をもつ。
児童が慣れるまでは同じ手遊びで授業の導入を習慣づけるとよい。児童の注目
を指導者に向けるために有効な手段なので，児童に合わせていろいろな手遊び
を学んでほしい。

なべなべそこぬけ

わらべうた

な　べ　な　べ　そ　こ　ぬ　け　　　そ　こ　が　ぬけたら　かえりま　しょ

1回目
①なべなべそこぬけ そこがぬけ
たら

向かい合って両手を取り，
左右に振る。

②かえりましょ

両腕をまわして，背中合わせ
になる。

2回目
なべなべそこぬけ そこがぬけ
たら かえりましょ

背中合わせになりながら左右
に振り，「かえりましょ」で
初めに戻る。

『手あそび百科〜「いつ」「どのように」使えるかがわかる!!』（植田光子編著　ひかりのくに）より

やきいもグーチーパー

阪 田 寛 夫 作詞
山 本 直 純 作曲

やきい もや きいも お なか がグー　ほ か ほか か ほか か あ ちち のチー

た べ たら な くる なん に もパーそれ や きい もまと めて　グー チー パー

①やきいもやきいも

両手をグーにして，胸の前で左右に振る。

②おなかが

おなかを押さえる。

③グー

グーを前に突き出す。

④ほかほかほかほかあちちの

手のひらを開いたり握ったりしながら上下に動かす。

⑤チー

チョキを前に突き出す。

⑥たべたらなくなるなんにも

手を芋に見たて，左右交互に食べるしぐさをする。

⑦パー

パーを前に突き出す。

⑧それやきいもまとめて

手拍子を4回する。

⑨グーチーパー

グーチョキパーを出す。

⑩（⑨のかわりに）ジャンケン

かいぐりをする。

⑪ポン

ジャンケンをする。

『手あそび百科～「いつ」「どのように」使えるかがわかる!!』（植田光子編著　ひかりのくに）より

　就学前に知っている児童が多いと思われる手遊びを選び，指導者は必ず児童と対面して一緒に行う。このときは歌詞や音程などの注意はせずに，ただ楽しく音楽に乗る，ということに意識を向けたい。

（2）テンポを体で感じる導入「きしゃポッポ」

　児童を円にして，「きしゃポッポ」を歌いながら回る。このとき，歌を知っている児童には一緒に歌うよう促す。表示のテンポで始めて，テンポを速めたり，遅めたりしながら，クラスの足並みがそろうようにする。「登り坂大変だぁ」「狼が追いかけてきた！」などテンポが変わるシチュエーションをあげながら行うと楽しい。児童にどんどん質問を投げかけるのも，音楽におけるテンポの意味を学習するのに最適である。楽しくなってくると本来の目的からずれてしまうこともある。指導者は常に冷静に，また危険がないよう注意して行いたい。クラスによって円や縦列など工夫をする。

きしゃポッポ

富原　薫　作詞
草川　信　作曲

編曲：久保紘子

『誰でもすぐ弾けるピアノ伴奏〜実習生・保育者・教員おたすけ楽譜集』（梅沢一彦編 ケイ・エム・ビー）

〈展開〉

(1)「やまびこ」を理解する

　「やまびこ知っていますか」の問いかけから，「ヤッホー」「元気ですか～」など実際に指導者と児童でやまびこ遊びをする。やまびこが理解できたら，クラスを半分に分け，やまびこ遊びをする。テンポよくやまびこ遊びができるようになったら，指導者が「やまびこごっこ」の歌詞を音読し，児童に繰り返させる。やまびこ遊びの雰囲気を崩さずに自然に入れるよう，指導者は歌詞を覚えておく。

(2)「やまびこごっこ」を歌唱する

　実際に楽譜を見て歌唱することは難しいので，この時点で教科書を開かせる必要はない。やまびこ遊びの延長で，やまびこに音程がついた感じで進められるとよい。

　1小節ずつ丁寧に音取りをする。最初の音取りをおざなりに行うと，その後発展しない。音取りの際，指導者は常に正確な歌唱を心がける。この曲の場合は2分音符や休符などを正しく歌唱する。指導者が正確に歌唱できれば，児童もそれをまねるので，学年が上がったときの楽譜の理解にも役立つ。また，歌い方もまねるので，指導者も息をしっかりと吐いた柔らかい発声を心がけたい。

　テンポを感じさせるためにメトロノームに合わせて歌唱したり，音程を意識させるためにゆっくりと手で音の高低をつけて歌唱させる（図2-1）などして，テンポや音程といった音楽的要素の学習を行う。

　児童が歌唱した後は，必ず褒めることが重要である。音程のことを言われると「できているのかな」という不安から体が萎縮し，声を出さなくなってしまうことがある。褒めるのに難しいことを言う必要はなく，歌い終わった直後に笑顔で「よく歌えていますね！」「元気でいいですね」と肯定的な言葉かけを心がける。その後に「もう一度やってみましょう」とか「こうするともっとすばらしくなります」など前向きなアドバイスをし，練習を繰り返す。またよくなったところはオーバーに褒めると歌唱はどんどん上達する。

やまびこごっこ

おうちやすゆき 作詞
若 月 明 人 作曲

伴奏編曲：久保紘子

図2-1　やまびこ冒頭ハンドサイン例

(3)「やまびこごっこ」の発展

　クラスを半分に分け歌唱する。向き合わせるとやまびこの雰囲気を感じられる。音程の不安な児童の隣に音程の安定している児童を並べるなど，各グループの並び順に注意したいが，音程の不安な児童が自信を失わないよう心を配ることも重要である。先行・後行を交換して行う。

　半分ずつの歌唱に慣れてきたら「やまびこってどんなふうかな」と曲の強弱を児童と一緒に考える。同じ人数で声の大きさを変えたり，人数を減らしたり増やしたりしながら表現の工夫をする。このときも「テンポに乗る」という本時のねらいからははずれないようメトロノームを使用するなどし，テンポを守るよう指導者は留意する。

　また，象さんのやまびこさん，ネズミさんのやまびこさん，せっかちさんのやまびこさん，のんびりさんのやまびこさん，などいろいろなやまびこを創造すると楽しく発展させることができる。

〈まとめ〉

　クラスの状況によってまとめを変えるのが望ましい。児童が今日は何を学習したのか，はっきりと認識できるかたちで授業を終わらせたい。二つの例をあげる。

(1) クラスを半分に分け「やまびこごっこ」を歌唱する

　やまびこを理解し，「やまびこごっこ」の曲の音取りも順調だったクラスに適している。「やまびこごっこ」の曲の楽しさをクラス全員で共有して授業を終える。

(2) 指導者と児童で「やまびこごっこ」を歌唱する

　音程にやや不安のあるクラスや声を出すのを得意としないクラスは指導者をまねてしっかりと曲を歌唱することで授業を終えたい。「やまびこごっこ」という曲を歌唱した，という認識をさせて授業を終える。

　小学校に入り音楽科の授業はただ歌うのではなく，歌いながら「テンポ」や「音程」などの音楽的要素の学習を取り入れ，児童が無意識のうちにそれらを習得できるよう題材設定や曲選定を行いたい。そのためにも指導者は音楽的要素の

重要性を認識しておかなければならない。

3. 準備編

　この指導案では指導者に以下の力が求められる。
○児童の前で堂々と身振り手振りをつけて歌唱できる力。
○児童と一緒にテンポに乗って音楽を楽しむことができる力。
　この指導案は低学年にむけたものである。何より大切なのは児童と一緒に音楽に入ることである。堂々と楽しく授業ができるよう以下の授業準備をしておきたい。

〈手遊び〉

　常に複数準備しておきたい。練習は鏡を見て，手遊びが児童に見えるようできているか，顔が硬直していないか，など自分で確認しながら行う。他人に手遊びを見てもらいアドバイスをもらうのもよい。歌を覚え→手の動きを覚え→両方を合わせて笑顔で行う，という練習を行う。

〈ピアノ，歌の練習〉

　はじめはピアノの練習，歌の練習を別々に行う。ピアノは片手ずつから両手に，歌唱は歌詞を理解した後，音程に気をつけて実際に歌唱する。
「きしゃポッポ」
　テンポを変える練習も行う。両手でのピアノ演奏が難しければ左手＋歌で行ってもよい。
「やまびこごっこ」
　歌詞の暗唱を行う。練習のときも目の前に児童がいると思ってしっかりと声を出すよう心がける。ピアノで実際に音程を確認しながら歌唱練習をする。この指導案では指導者のまねで音取りをするので，指導者は正確な音程とリズムを体に覚えさせておきたい。

〈空間把握〉

　実際に授業を行う教室を事前に使用できるのであれば，児童をどのように動かせるかシミュレーションしておく。「きしゃポッポ」はどのように行うのか，椅子はどうするのか，グループを分けるときはどうするか，などある程度考え

ておく。ピアノが遠く児童と距離があいてしまう場合はキーボードを使うなどの工夫も必要である。また，動き回るので危険なものがないかの確認も必ず行っておく。

第2節　第2学年「3拍子を感じ取ろう」

1．指導案

（1）目標
○2拍子と3拍子の違いを感じ取ろう。
○3拍子の曲に合わせて歌おう。

（2）本時（1／1時）

	学習内容	指導上の留意点（・）と評価（◆）
導入	（1）準備体操 （2）手遊び 「あんたがたどこさ」	・全身を使って体をほぐすよう留意する。 ・手遊びもテンポに気をつけながら行う。
展開	（1）「はしの上で」を歌唱する。 本時の目標を知る 「2拍子と3拍子の違いを感じ取ろう」	・範唱しながら1フレーズずつ音を取る。 ・のびのびとした発声で歌唱できるよう留意する。 ・歌詞は板書し，児童が音楽に集中できるようにする。
	（2）2拍子のステップを練習する。	・教師が拍を刻みながらのステップをする。児童はステップの練習だけをする。 ・メトロノームを使用しテンポを守る。 ・ステップができたら，ピアノに合わせてステップを踏む。 ◆2拍子のステップが踏めているか。〈①〉 ・クラスをステップと歌唱の半分に分けて演奏する。

展開	(3)「ウンパッパ」を聴きながら3拍子の練習をする。	・3拍子を手拍子する（手→右腰→左腰）。クラス全体の3拍子があってきたら，児童は3拍子のリズムを打ったまま教師が「ウンパッパ」を歌唱する。 ・メトロノームを使用しテンポを守る。 ◆3拍子が打てているか。〈①〉 ◆2拍子と3拍子の違いを感じ取り，表現の工夫をしているか。〈②〉
	(4)「ウンパッパ」を歌唱する。 (5) クラスを手拍子と歌唱の半分に分けて演奏する。 (6) 新しい3拍子を考える。	・範唱しながら1フレーズずつ音をとる。 ・3拍子のリズムに乗って歌唱できるよう留意する。 ◆積極的に音取りをしているか。〈③〉 ◆手拍子，歌唱を正しくできているか。〈①〉 ・いろいろな3拍子の表現を考える。 ・新しくつくった3拍子の表現に合わせて「ウンパッパ」を歌唱する。 ◆新しい3拍子の表現を考え，積極的に発表しているか。〈②，③〉
まとめ	3拍子を感じながら「ウンパッパ」を歌唱する。	・最後に自分の好きな3拍子の表現を用いて，歌唱する。 ◆3拍子を感じ取り，歌唱できているか。〈②〉

(3) 評価計画

①知識・技能

　・2拍子と3拍子が正しく打てているか。

　・拍子に合わせて歌唱できているか。

②思考・判断・表現

　・2拍子と3拍子の違いを感じ取り，表現の工夫をしているか。

　・新しい3拍子の表現を考えているか。

③主体的に学習に取り組む態度

　・積極的に新しい曲を覚えようとしているか。

　・全身を使って表現しようとしているか。

2. 実践編

〈導入〉
(1) 準備運動　ストレッチ

　以下のようなストレッチは，児童，クラスの状況に応じていくつかを選択する。音楽の授業にふさわしい雰囲気をつくっていくのに重要な時間になる。前の時間の雰囲気などをクラスで引きずっていることもあるので，体をほぐし，リラックスした状態で音楽の授業に臨めるよう，児童と会話をしながら指導者がその雰囲気づくりに取り組むことが大切である。

伸びのストレッチ 両腕を耳につけ肩甲骨を内側に寄せるよう注意する。 	腕を回す 肩甲骨を動かすように前から後ろ，後ろから前に腕を回す。	肩を伸ばす 伸ばした腕の肘の部分をもう一方の腕で押さえ，肩から背中にかけて伸ばす。 
首のストレッチ 前後左右，首を曲げる。 首の重さだけで伸ばすよう注意する。 最後に回す。	四股のストレッチ ゆっくりと腰を落とし，股関節を広げながらほぐす。 	舌のストレッチ 両耳を左右に引っ張りながら，下を思いっきり「べー」と前に出す。 

（2）手遊び「あんたがたどこさ」

a. 下図のように1から6まで数えながら手で体をたたく。

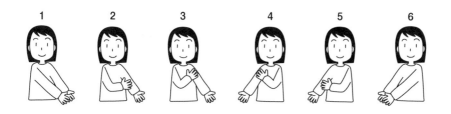

b. 「あんたがたどこさ」を歌いながら，1から6まで体をたたく。

   譜例1の1〜6参照

c. 歌詞の「さ」のところで，一つ前に戻る。譜例1の①〜⑥参照

譜例1

あんたがたどこさ

採譜：久保紘子

　体をほぐし，リラックスをしたところで音楽的なことに意識をもっていく。今回は「あんたがたどこさ」の手遊びを例にあげたが，そのときの児童，クラスの状況に合った手遊びを選択することでよりよい授業展開につながる。また，「音楽」の授業での手遊びなので，指導者は音楽的なこと（テンポ，リズム，音程）の正確さに注意したいが，児童にこれを求めるのは授業の導入としてはふさわしくない。児童が自然に音楽的なことを感じることができるよう指導者は留意すべきである。

〈展開〉

(1)「はしの上で」を歌唱する

　以下の手順で「はしの上で」を歌唱できるようにする。歌詞は板書しておき児童が顔を下に向けないようにする。

a.　「はしの上で」の全曲を演奏する（CD等でも可）。
b.　2小節ずつ指導者が範唱し，児童がついて歌唱する。2～3回繰り返す。
c.　はじめから通して全曲歌唱する。
d.　うまくいかなかったところを復習する。
e.　はじめから通して全曲歌唱する。

　児童に新しい曲を歌唱させる際に注意したいのは「不安にさせない」ことである。不安を感じると体も萎縮して声が出にくくなる。低学年の場合，楽譜を見て歌唱することは難しい。何度も繰り返すことによって旋律を体に覚えさせる必要がある。しかし，ただ何度も繰り返すのは単調になるだけでなく，「正しくできていないのかな」「間違えちゃいけないのかな」と児童に不安な気持ちを与える。指導者は常に明るく楽しく元気に範唱し，よかったところ，改善すべきところを具体的にあげる。

　ただ，言葉かけには注意したい。例えば，音程が低かった場合「そこの音，低いですよ」では児童はその改善方法を見いだせない。「その音はもっと高く上のほうに」とか「ジャンプするように」など児童が実践しやすい言葉を選ぶよう留意したい。そして，何より大切なのは児童が歌唱した後の言葉かけである。どんな場合でもひと言目は必ず褒め言葉を。これでクラスは歌唱がどんどん上達する。

はしの上で

久野静夫 日本語詞
フランス民謡

はしの　うえで　たのしく　おどろう

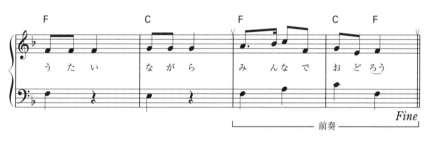

うたい　ながら　みんなで　おどろう

前奏　　　　　Fine

おばさんが　とおる　おじさんが　とおる

おうまが　とおる　こいぬも　とおる

平成 23 年『小学生の音楽 2　指導書伴奏編』

（2）2拍子のステップの練習をする

　次の手順で2拍子のステップを踏めるようにする。

a. 指導者がカウントしながら2拍子のステップをして見せる。

b. ゆっくりとカウントしながら児童がステップを踏む。

c. 曲に合わせてステップを踏む。

　児童にわかりやすいように指導者は少々オーバーアクションで，鏡になって手本を見せる。カウントをしながらゆっくりと見せることがポイントである。手順bの段階で得意そうな児童がいたら，他の児童から見えやすいところに移動させるなどするとよい。手順aではCD等の音源を使用してもよいが，指導者が歌唱したり，ピアノ演奏したりすることでリズムと旋律の一体感を感じさせることができる。この場合も歌唱のときと同じように，児童のアクションには必ず褒め言葉から返すよう心がけるべきである。

（3）3拍子の練習をする

　2拍子のステップと同じ手順で3拍子の練習をする。手順cでは，児童が3拍子のリズムを打っている途中から，指導者が「ウンパッパ」を歌唱し始めると，より「ウンパッパ」が3拍子の曲であることを印象づけることができる。

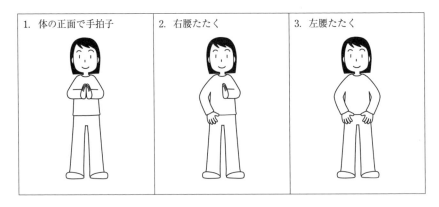

1. 体の正面で手拍子	2. 右腰たたく	3. 左腰たたく

（4）「ウンパッパ」を歌唱する

「はしの上で」の手順で「ウンパッパ」の音取りをする。ピアノ伴奏で音を取るときも指導者は常に3拍子を意識するようにする。歌詞は板書して児童の顔が下を向かないようにする。

（5）クラスを歌唱グループと3拍子グループに分ける

児童に好きなパートを選ばせてもよいが，歌唱，リズムともに得意な児童が入るように分けることができるとよい。人数のバランスもクラスの状況を見て，歌唱が得意なクラスは歌唱を少なめにするなど工夫しながら，全員がどちらのパートも経験できるよう配慮する。

ウンパッパ

峯　陽　作詞
ライオネル・バート　作曲

平成23年『新しい音楽2　教師用指導書伴奏編』（東京書籍）

（6）新しい3拍子の表現を考える

　いきなり新しい3拍子を児童に考えさせるのは難しいので，下の例を参考に
指導者が「こんな感じはどうだろう」と違った3拍子の動きを提案してみる。
そこから児童の意見を取り入れて，まずはクラスで一つ新しい3拍子の動きを
つくってみる。難しく奇抜な動きをつくる必要はなく，楽しい3拍子の動きを
自分たちで創造した，というある種の愛着を生ませることが重要である。

　指導者が「ウンパッパ」を演奏（歌唱だけでも弾き語りでも）し，児童は新しい3拍子の動きをする。このとき，3拍子を感じられるよう1拍目の強拍を意識して演奏する。

例）二人で向き合って行う場合

〈まとめ〉
　クラスの状況によってまとめは変えるのが望ましい。児童が今日は何を学習したのか，はっきりと認識できるかたちで授業を終わらせたい。まとめはいくつかの例をあげる。

（1）クラスを半分に分け歌唱と新しい3拍子の動きを交互に演奏する
　歌唱も3拍子の動きも順調に進んだクラスに適している。3拍子を体で感じ，「ウンパッパ」という曲が3拍子であることを学習できた。

（2）曲の前半と後半の3拍子のリズムを変え演奏する
　3拍子のリズムに集中させるため指導者が「ウンパッパ」の演奏をする。体を動かすことが得意で新しい3拍子の動きを考える項目で盛り上がったクラスに適している。3拍子を体で感じ，3拍子にもいろいろな表情があることを学習できた。

（3）指導者が「ウンパッパ」を演奏し，児童は3拍子の動きをする
　歌唱，3拍子の動き，どちらかがスムーズにいかなかったクラスに適している。授業のねらいは3拍子を知ることに置いているので，最後は児童が3拍子を演

奏する形で授業を終わらせたい。3拍子の特徴を学習できた。

　すべてにおいて，演奏が終わった後にはしっかりとできたところを褒めることが大切である。「3拍子を知る」というねらいを児童に伝えるために，クラスの得意不得意を見極めながら授業を進めていきたい。

　先にあげた指導案は1時で示したが，「ウンパッパ」を聞きながら3拍子を打つところで1時を終え，残りを2時目にしてもよい。その場合も，導入は同じように行い，まとめはクラスの状況を見てしっかりと行いたい。

3. 準備編

　この指導案では指導者に以下の力が求められる。
○児童の前で堂々と2拍子，3拍子のステップを踏みながら歌唱できる力。
○「拍子とは」を児童に説明できる力。
　拍子の違いを感じ取る授業である。指導者が体で感じ，表現し，児童と一体化して音楽に溶け込むことで，拍子の違いを児童に伝えることができる。

〈準備運動・手遊び〉

　ストレッチも常に複数準備しておきたい。実際に自分で行い，児童に説明しながら行えるか確認をする。手遊びは第1節を参照。

〈ピアノ・歌の練習〉
「はしの上で」

　片手ずつ練習し，左手は2拍子を意識して弾けるようにする。両手がどうしても困難な場合は，児童の音取りのことも考え，右手を弾きながら歌唱できるようにする。

「ウンパッパ」

　左手は3拍子を意識して弾けるようにする。両手が困難な場合でも，音取りのときは右手＋歌，ステップのときは左手＋歌，のように使い分けるとよいので片手ずつの練習は必要である。楽譜はヘ長調である。シの音に♭がつくのを忘れずに。

〈拍子の理解〉

拍子とは強拍と弱拍が規則的に交替することである。2拍子は「強弱強弱……」の拍の繰り返し，3拍子は「強弱弱強弱弱……」の拍の繰り返しになる。

〈手拍子・ステップの練習〉

リズム感よく児童に見せられるよう，鏡を見て練習したい。2拍子や3拍子の曲を聴きながら楽しくリズムに乗る練習をする。慣れてきたら「はしの上で」「ウンパッパ」を歌唱しながらステップを踏む。鏡を見てつまらなそうに踊っていたら要注意。それでは児童に伝わらない。ダンサーになった気分で児童に魅せる練習をしよう。

〈空間把握〉

実際に授業を行う教室でのシミュレーションを行う。ステップを踏むときに児童がぶつからないか，のびのびと表現できる空間が確保できるか，など実際の教室で流れを確認するのが理想的である。

課 題

1. 次の旋律に歌詞をつけ，オリジナルのやまびこ遊びの曲を完成させなさい。

2. ここに載っている以外の2拍子，3拍子，それぞれの動きを考えなさい。

より深く学習するための参考文献

植田光子編著『手あそび百科〜「いつ」「どのように」使えるかがわかる!!』ひかりのくに，2006
　年

梅沢一彦編著『教科力シリーズ　小学校音楽』玉川大学出版部，2015年

梅沢一彦編『誰でもすぐ弾けるピアノ伴奏〜実習生・保育者・教員おたすけ楽譜集』ケイ・エム・
　ピー，2015年

初等科音楽教育研究会編『最新 初等科音楽教育法 改訂版』音楽之友社，2011年

『新しい音楽2　教師用指導書伴奏編』東京書籍，2019年

『小学生のおんがく1　指導書伴奏編』教育芸術社，2019年

『小学生の音楽2　指導書伴奏編』教育芸術社，2019年

第 **3** 章

表現（歌唱2）

　本章では，音楽科学習指導要領に示されている表現教材のうち，共通教材について示す。我が国で親しまれてきた唱歌や童謡，わらべうたなど，昔から親しまれてきた歌を子どもからお年寄りまで世代を超えて共有し，我が国のよき音楽文化を受け継いでいくことは重要なことである。

　共通教材は，曲そのものを味わうことも大切だが，題材のねらいを達成するための一つの教材として各学年の題材の中に位置づけることもできる。学習指導要領では各学年4曲示された曲の中から，第1学年から第4学年までは4曲すべてを取り扱い，第5学年及び第6学年は4曲中3曲を取り扱うことになっている。

キーワード　音色　速度　旋律　歌詞の内容　強弱　フレーズ　リズム　曲想にふさわしい歌い方の工夫

【第5学年の共通教材】
・こいのぼり・子もり歌・スキーの歌・冬げしき
【第6学年の共通教材】
・越天楽今様・おぼろ月夜・ふるさと・われは海の子
※高学年は共通教材の中のうち，3曲を表現教材として取り扱うように定められている。ここでは特に「おぼろ月夜」を示す。

1. はじめに

　歌唱共通教材小学校第6学年に設定して行う。

　大正3年「尋常小学唱歌（六）」に発表されて以来，今日に至るまで歌い継がれてきた曲である。

　作詞は長野県出身の国文学者である高野辰之（1876 ～ 1947），作曲は鳥取県

おぼろ月夜

文 部 省 唱 歌
高 野 辰 之 作詞
岡 野 貞 一 作曲

1. な の は な ば た けー に い り ひ う す れ
2. さ と わ の ほ か げー も も り の い ろ も

み わ た す や ま の ー は か た す み ふ か し も
た な か の こ み ち ー を た ど る ひ と も

は る かー ー ぜ そ よ ふー く そー ら を み れ ば も
か わ ずー ー の な く ね ー も かー ね の お と も

ゆ う づ き か か り て に お い あ わ し よ
さ な が ら か す め ー る お ぼ ろ づ き よ

平成 27 年『小学生の音楽6』(教育芸術社)

出身の音楽家である，岡野貞一（1878～1941）による。二人は文部科学省小学校唱歌教科書編纂委員であり，このコンビによって，「春がきた」「春の小川」「もみじ」「ふるさと」などの数々の名曲がつくられた。歌詞は田園の夕景を美しく歌い上げた内容で，当時の人々の生活と自然との温かな関わりをしのぶことができる。

2. 題材のめあて

○音色，速度，旋律や歌詞の内容などと曲想との関わりを考え，言葉や旋律のまとまり，発音や声の出し方などを工夫し，曲想にふさわしい歌い方について思いや意図をもつ。

3. 曲について

「おぼろ月夜」（歌唱教材）

　日本語の語感を生かした美しい旋律の流れや，弱起の歌い出しを意識することで，歌い方の工夫につなげることができる。

　スラーの部分は一つの音を歌う間に音の高さが変わるという特徴がある。ゆったりとした雰囲気を出すことができるように音程をしっかり取り，なめらかに歌う学習を展開したい。

　各段のはじめは，同じリズムが繰り返されているため，曲のまとまりを感じ取りやすい。曲のまとまりと強弱の変化との関わりに気づくことで，曲の山を感じ取りやすくなり，表情豊かな歌い方の工夫をすることができる。

4. 高学年の授業の主な時間配分

　高学年になると，より深い内容を学習することが可能となる。低学年や中学年では三つくらいの学習内容，学習活動に分かれていたが，高学年は一つの学習内容を集中して取り組ませることが大事になると考える。

　　（例）

　導入………今月の歌で発声を意識させる，その日の授業に関係のあるリズム遊びなどを活動させる。

　展開………本時の内容

　まとめ……本時の学習のまとめをする。ワークシートを使ったり，振り返りを発表させたりする。

5. 年間の指導による位置づけ

　共通教材「おぼろ月夜」は，その歌詞の内容からも春に歌うのにふさわしい曲であることから，4月から5月にかけて歌うのが望ましい。この曲では，曲のまとまり，強さ，変化，曲の山など，あらゆる音楽の要素を捉え，曲のもつ美しい旋律や歌詞の内容につなげて表現することが大切と考える。

　この曲の歌詞の2番で，「里わのほかげも　森の色も　田中の小道をたどるひとも　かわずの鳴く音も　かねの音も　さながらかすめる　おぼろ月夜」とあるが，この歌詞の美しさはなんといっても，目に見えるものだけでなく，音までもかすめてしまうという独特の表現である。日本人の感性が見られる作品だと感じる。

6. 本時の学習

（1）本時のねらい
○曲想にふさわしい歌い方を工夫することができる。

（2）展開（2時間中2時間目）

	○学習内容　・学習活動	◇教師のはたらきかけ　◎評価
導入 5分	○楽しく学習する雰囲気をつくる ・今月のうた「にじ」	◇呼吸・発声を意識して歌うようにする。 ◇情景を浮かべやすい曲を選んで本時につなげる。
展開 25分	「おぼろ月夜」の歌い方を工夫しよう	
展開 25分	○前時の復習をする。 ・おぼろ月夜の歌詞の意味を理解し，歌う。 ○曲想にふさわしい歌い方を工夫する。 ・グループに分かれ，この曲をどのように歌いたいか，またそれはどうしてかを話し合う。 ・話し合ったことをグループごとに歌って試し，考えを共有する。	◇3人～4人のグループに分かれ，どのように歌いたいかを話し合い，自分たちの「おぼろ月夜」を考えるよう促す。 ◇ワークシートに記入しながら，自分の考えをまとめていくようにする。 ◇鍵盤ハーモニカやリコーダーを各グループで用意し，最初の音や旋律を弾いて歌う。 ◇強弱や，フレーズのまとまりから，曲の山を感じることができるようにする。

展開 25分		予想される児童の発言 ・強くなっている部分が曲の山だと思う。 ・強弱をつけると，この曲の情景が広がってよいと思う。 ◇強弱や曲のまとまりによって曲の感じかたが違うことに気づくようにする。 ◎曲想にふさわしい歌い方について思いや意図をもっている。【思判表】
まとめ 15分	○旋律や強弱の変化から曲想を感じ取り，歌い方を工夫する。 ・話し合い，共有したことを生かしながら，それぞれの思いを歌で表現する。	・グループでどのような意見が出たのか紹介し，クラス全体で共有して，自分の考えの幅を広げられるようにする。 ・グループの意見はまとめるのではなく，共有した考えを生かしてそれぞれの児童の思いを表現できるようにする。

7. 本時の解説

〈めあて〉

○「おぼろ月夜」の歌い方を工夫しよう。

〈導入〉

　常時活動である今月の歌を設定したが，ここでは，さまざまな活動をすることができる。例えば，読譜やリズム，音楽づくり，体を動かして音楽を感じることなど，短時間で児童が遊び感覚で取り組め，本時の展開につなげられるものが望ましい。

〈展開〉

　曲想にふさわしい歌い方について思いや意図をもつ。

・曲想にふさわしい歌い方とは，歌詞の内容や曲の感じを表現するときに必要な，音楽を形づくっている要素を感じ取り，それを手がかりとして表現することである。このことから，歌詞の意味から情景を思い浮かべ，音楽を形づくっている要素を楽譜から紐解いていく。この曲にはいろいろな要素が盛り込んであるが，その中でも特に曲のまとまりや強弱や曲の山，それと歌詞の

内容との関連を図りながら，「おぼろ月夜」の曲を表現していけるように指導していく。

・クラスを3人から4人のグループに分ける（児童の実態から音楽の力や，発言力などを考慮して，分けるようにする）。
・ワークシートにどのように歌いたいか自分の考えを書き込む。
・強弱や曲のまとまり，曲の山，歌詞の内容から表現の工夫をするように言葉かけをしていく。
・書いたワークシートをもとにどのように歌いたいか意見交換をする。
・意見が出るたびにグループ全員で歌って試してみる。
・自分がいいなと思った表現の工夫を取り入れて歌う。

〈板書〉
　楽譜を拡大機であらかじめ用意し，黒板に貼って進めていく。

〈ワークシート〉
　音楽記号や，歌詞の一番伝えたいところ，曲の山をワークシートにチェックしながら進めていくようにする。自分の考えを発表し，他の人との考えに触れることも大切である。

予想される児童の発言
・歌い出しが3拍子の3拍目から始まっているので大切に歌いたい。
・3段目から盛り上がる感じがする。*mf*からだんだんクレッシェンドしているので曲の山だと思う。
・言葉が理解できるように歌いたい。

〈まとめ〉
　ここでは，話し合ったことの考えを一致させ，グループの「歌い方」をまとめるのではない。友達の考えを知り，自分の考えを広げるために話し合いをしながらふさわしい表現（歌い方）を探していく。
・グループでどのような意見が出たのか紹介し，クラス全体で共有して，自分の考えの幅を広げられるようにする。
・それぞれの発表を聞き，自分の表現へ取り入れることができるようにする。

8. 第1時

〈めあて〉

○歌詞の情景を想像し，曲の感じをつかむ。

〈導入〉

　今月の歌を歌い，楽しく学習する雰囲気をつくる。ここで，「おぼろ月夜」のイメージをつかみやすくするために写真やイラストを見せる。

〈展開〉

　音程を捉えて歌う。

・CDを聴き，曲の感じをつかむ。

・歌詞の意味を説明する。

・歌詞の情景を思い描きながら聴く。

・何度も繰り返し範唱する。

〈まとめ〉

　歌詞の内容を理解して歌う。

・歌詞の情景をさらにイメージしやすくするために，歌詞の内容から自分の好きな場面の絵を描かせる。絵を描かせる場合は時間を1時間増やして活動するか宿題として持ち帰らせてもよい。

・自分の好きな場面を歌詞の内容から考える。

・どういう情景で，どうして好きなのか言えるようにする。

・最後にそれぞれ情景を思い浮かべて歌い，次の時間に続く。

9. 評価について

演奏聴取，発言内容

　曲想にふさわしい歌い方を工夫しているかをグループでの話し合いの発言や演奏を試行錯誤している様子で判断する。

〈Aと判断される状況〉

・グループでの話し合いの中で，共通事項の内容や，歌詞の内容を手がかりとして，歌い方を工夫している。

〈Cと判断される児童へのはたらきかけ〉
・グループでは何を話し合ってよいのかわからなかったり，曲の特徴や要素を見つけることができなかったりする場合は，グループの友達の考えを取り入れるように言葉をかけるようにする。

10．どんな技術・方法が必要か

　小学校音楽・高学年の指導は「高学年の児童は，曲の特徴を理解して聴こうとしたり，自分の思いや意図が聴き手に伝わるような表現をしたりしようとする意欲が高まってくる傾向が見られる」と学習指導要領 p. 88「第5学年及び第6学年の目標と内容」に示されている。

　このことから，教師は高学年の特性を捉え，実態を踏まえたうえでの指導が大切になる。学習する内容も難しくなるため，教師はピアノの伴奏はもちろんのこと，学習する内容や教材の背景など，直接児童には指導しない内容であっても，知っておく必要がある。また，高学年は一つの活動をじっくり取り組ませることも可能なので，教師は，1時間の授業をしっかりデザインして学習させることが望ましい。

11．どのような資質，準備，心構えが必要か

　高学年を指導するにあたり，さまざまな研修に参加し，引き出しを増やすことや担任の先生と密に連絡を取り合い，連携して指導にあたることが大切である。日頃から，アンテナを高くし，授業のネタになるような情報を意識的に取り入れるようにする。高い授業力が求められることを常に意識し，「これだけは身につけさせたい」という明確なねらいをもって指導することが大切である。

課題
1. 小学校学習指導要領で定められている，第5学年と第6学年の「共通教材」を答えよう。最低でも何曲指導すると定められているか。
2. グループ活動を行わせるときに教師が配慮するべき点は何か。

より深く学習するための参考文献

平成27年度・令和2年度『小学生の音楽6』教育芸術社
平成27年度・令和2年度『小学生の音楽6　指導書研究編』教育芸術社
文部科学省「小学校学習指導要領（平成29年告示）解説　音楽編」2017年

第 **4** 章

表現（器楽を伴った歌唱1）

小学校音楽科の表現の分野は，「歌唱」「器楽」「音楽づくり」の三つの要素からなるが，それらは表裏一体的な位置づけにある。本章では，小学校4年生の教科書にも登場する「ゆかいに歩けば」を題材として選択し，「歌唱」と「器楽（ソプラノリコーダー）」を同時に指導することができる単元を扱う。手順は，学習指導案の例をはじめにあげ，その後，指導法の具体的な解説を続けることにする。

キーワード 合唱指導　ソプラノリコーダー　音楽表現の創意工夫　音楽表現の技能

器楽（ソプラノリコーダー）を伴う歌唱曲の指導法
題材：ゆかいに歩けば（作詞：保富庚午　作曲：メラー　編曲：大畑みどり）

第1節　学習指導案

音楽科学習指導案

令和〇年〇〇月〇〇日（〇曜日）第〇時間目
指導クラス第4学年〇組
男子〇〇名　女子〇〇名　計〇〇名
指導者〇〇〇〇

単元名　曲想にあった音楽表現
題材名　「ゆかいに歩けば」
　　　　（作詞：保富庚午　作曲：メラー　編曲：大畑みどり）
1　単元の目標
　音楽の中にはさまざまな表情がある。楽しく歌うことから発展して，歌うこ

とを工夫できるようにするのが，この単元の目標である。リズムや音楽の流れ
を感じながら，曲想にあった表現方法を実践できるようにしたい。

1　単元の目標

　音楽の中にはさまざまな表情がある。楽しく歌うことから発展して，歌うこ
とを工夫できるようにするのが，この単元の目標である。リズムや音楽の流れ
を感じながら，曲想にあった表現方法を実践できるようにしたい。

2　題材観

　本単元の題材である「ゆかいに歩けば」は，大きく二つの要素で構成されている。
曲の前半は行進曲で，はずむように音楽が進む。後半は，なめらかに演奏はす
るものの，音高が上がり，この音楽の頂点が出てくる。曲の最後は行進曲が再
現され，力強く音楽が終わる。

　このように曲調がはっきりとしていることが，この曲の最大の特徴である。
そのため，曲想に合った表現方法を実践するには大変優れた題材である。

　また，ソプラノリコーダーでも演奏できる器楽パートが編曲によってつけら
れている。声という楽器で学んだことを，器楽でも同様に実践できる配慮が，
児童の音楽表現の幅を広げることにつながる。

3　児童観

　小学校4年生になり，積極的な音楽活動ができるようになっている。歌唱は，
伸びやかな声で元気に歌うことができるようになった。また，3年生からスター
トしたソプラノリコーダーの学習も意欲的に取り組み，さまざまな題材を吹く
ことができるようになってきている。この単元では，演奏方法を追求していく
ため，児童のより一層の活躍が期待できる。

4　指導観

　この単元を通して，一歩進んだ音楽の世界を体感させ，児童の音楽観をより
高みに引き上げたい。歌唱は，しっかり声を出して歌わせる指導に加えて，曲
想に合わせて練習を重ねる過程を大事にする。ソプラノリコーダーは，歌唱で
学習したことをリンクさせて演奏表現できるように，練習をさせる。歌唱とソ
プラノリコーダーを一緒に演奏したときに，一体感と達成感を得られるように，
指導にあたりたい。

5 指導計画（4時間扱い　本時は4／4）

学習内容	時数	学習目標	教師の支援（◎）評価（※）
・主旋律の音程を取って歌う。	1	・音程をしっかり取って歌うことができる。	◎範唱をしながら，児童を歌わせる。 ※積極的に歌おうとしているか。 【音楽への関心・意欲・態度】
・曲想を理解して歌う。	1 (本時)	・曲の前半と後半の曲想の違いを確認することができる。	◎曲想の移り変わりを伝える。
		・スタッカートとスラーの歌い方ができる。	◎おなかを使ったスタッカート，なめらかに歌うスラー，2種類の歌い方を教える。 ※スタッカートとスラーの2種類の歌い方がわかったか。 【音楽表現の創意工夫】
・ハーモニーをつくる。	1	・対旋律の音程を取る練習をし，合唱をつくることができる。	◎両パートの音をピアノで弾き，耳でハーモニーを確認しながら歌わせる。 ※自分のパートを歌うことができたか。 【音楽表現の技能】
		・ソプラノリコーダーの練習をすることができる。	◎ソプラノリコーダーの練習をさせる。 ※積極的に練習できているか。 【音楽への関心・意欲・態度】
・合唱とソプラノリコーダーを合わせる。	1	・合唱とソプラノリコーダーを合わせて演奏することができる。	◎ピアノ伴奏を担当する。 ◎録音して演奏を聴かせる。 ※表現方法を工夫しながら演奏できたか。 【音楽表現の創意工夫】 ※曲想豊かに演奏することができたか。 【鑑賞の能力】

6 本時の指導（2／4）

(1) めあて

　○積極的に音楽表現に参加することができる。【音楽への関心・意欲・態度】

　○曲想を理解しスタッカートとスラーの歌い方がわかる。【音楽表現の創意工夫】

(2) 本時の展開（4／4）

過程目標	時配	学習内容と学習活動	教師の支援（◎）評価（※）	資料用具
・声出しをすることができる。	5	・《まきばの朝》を通して歌う。	◎ピアノ伴奏を担当する。※声出しができたか。	ピアノ
・本時のめあてを知ることができる。	5	・本時のめあてを知る。 曲想にあった 歌い方を知ろう	◎本時のめあてを発表する。	黒板
・音程の確認をすることができる。	10	・「ゆかいに歩けば」を通して歌う。・部分練習をする。	◎ピアノ伴奏を担当する。◎特に曲の後半をピアノで弾きながら練習する。※前回の授業の復習ができたか。	ピアノピアノ
・曲想にあった歌い方がわかる。	20	・曲想の変化を考え，そのイメージを発表する。	◎曲の前半がスタッカート，後半がスラーの歌い方であることを教える。	黒板
		・おなかを使うスタッカートの練習，なめらかに遠くに向かって歌うスラーの練習をする。	◎範唱とピアノ伴奏を担当する。※意欲的に取り組んでいるか。	ピアノ
・まとめの演奏をすることができる。	5	・曲想にあった歌い方を意識しながら，最後に一度通して歌う。	◎ピアノ伴奏を担当する。◎感想を話す。※積極的に歌おうとしているか。	ピアノ

ゆかいに歩けば

保 富 庚 午 作詞
メ ラ ー 作曲
大畑みどり 編曲

平成 17 年教科書『音楽のおくりもの 4』（教育出版）

ゆかいに歩けば

保富庚午 作詞
メ ラ ー 作曲
大畑みどり 編曲

平成 17 年『音楽のおくりもの4　教師用指導書実践編』(教育出版)

THE HAPPY WANDERER
Words by Florenz Siegesmund and Antonia Ridge   Music by Friedrich Wilhelm Moeller

第2節　各時間の指導法

　本単元の題材である「ゆかいに歩けば」は，ソプラノリコーダーが入っているとはいえ，あくまでオブリガート（助奏）である。したがって，題材はあくまでも歌唱教材と捉え，まずは歌うことを十分にできるようにし，最後にリコーダーをつけることが好ましいと判断した。構成は，全4時間である。

1.　1時間目（1／4）

めあて　主旋律の音程を取って歌うことができる

　題材を知って体に覚え込ませる授業である。本時（2／4）の授業のためにも，曲想を最初からしっかりと伝えておきたい。歌唱指導は，1節の歌詞を用いて，曲の冒頭から少しずつ教師の範唱を聴き，児童が歌うというスタイルで進めていく。曲の前半（冒頭〜16小節）は行進曲であるので，生き生きと歌う練習を繰り返してほしい。

　後半（16〜28小節）は，旋律のリズムで歌詞を読む練習（歌詞のリズム読み）を取り入れると効果的である。言葉をきちんとリズムで話すことができたら，音程をつけていきたい。しかし，音高が次々と高くなり，音符の動きも多くなるので，テンポを一度は落として練習することも必要だろう。その後，少しずつテンポを上げていくと，児童は自然に息を通して歌うことができるようになる。曲の最後（28〜32小節）は再び前半で歌った行進曲の再現である。部分練習をしたら必ずそれぞれのセクションをつなぎ，通して歌うことを忘れないようにしておきたい。部分的には歌えるが，通すと歌えないということがよくある。音程というのは，二つの音の隔たりを指す言葉であるから，音程をよくするには，前の音から次の音へ移行する練習をしないと意味がない。

　残りの時間は，2節（3節）の歌詞で歌う練習に入ることもできるし，少人数で歌って聴き合う時間をもつこともできる。

2.　2時間目（2／4　本時）

めあて　曲想にあった歌い方を知ることができる

　題材の曲想を感じ取り，スタッカートとスラーをつけて歌う授業である。本来ならば，「スタッカートやスラーをつけて歌うことができる」と，めあてを

定めるところではあるのだが，今回は「歌うことができる」ではなく，「知ることができる」とした。これは，スタッカートやスラーは大人が演奏しようとしても難しい唱法であり，反復練習も必要であるからである。小学校4年生が45分の授業でこれを完璧に習得するのは，無理が生じる。妥当なラインは，スタッカートやスラーという唱法があることを知り，それを実践に移すところまでではないだろうか。

　授業では，題材を歌ってみて曲の前半と後半でどのように曲想が違うのか，児童から意見を出してもらうことを試みたい。音楽のキャラクターがしっかりしている題材なので，児童の意見も同一方向にまとまると考えられる。曲の前半（冒頭〜16小節）の曲想を児童に質問をすると，「はずんだ様子」「うきうきした様子」などの意見が出てくるだろう。これをもとに，実際の歌唱表現につなげていく。楽譜を見せて，音符の上下に黒い点がついていることに気づかせたり，音楽用語ではスタッカートといい，音を短く切る演奏法であることも児童に説明してしまおう。スタッカート唱法は，自分の腰に手を当てて，音を一つ一つ切る歌い方で声を出し，おなかや背中が動いているかを確認するとよい。しかし，意識しすぎると体が硬くなり，はつらつとした声が出なくなる。森の中を楽しく行進しているイメージを忘れないようにさせたい。

　題材の後半（16〜28小節）は，スラーの練習である。しかし，ここでもスラーという言葉を最初から使わず，少し歌詞に着目したい。「バウデリー，バウデラー，バウデロー」はどんなイメージがするだろうか。児童に意見を聞いてみよう。おそらく，遠くの山々に向かって「ヤッホー」と呼びかけている様子を想像するのではないか。それをそのまま練習に移す。遠くの山に「ヤッホー」と呼びかけるとき，「ッ」をスタッカートのように短く切って硬く呼びかけるであろうか。息をたっぷり使って伸びやかに呼びかけるはずだ。これが音楽用語でいうスラーであると説明すればよい。23，24小節では「ロホホホホホ」とスタッカートの表現が出てきているが，ここからは楽しいハイキングの様子が想像できる。しかし，音形は高音から勢いよく下降しており，テクニックを要する場所でもある。テンポを落として練習をしたい。

3. 3時間目（3／4）

めあて　対旋律の音程を取って歌うことができる

　音楽の肉づけをしていく授業である。題材の後半（16〜28小節）に書かれ

ている対旋律をみんなで練習したい。方法は，教師の範唱によって導き，音程を確認する。主旋律で高い音を歌うことに慣れているので，対旋律を歌ったときに上ずってしまい，正しい音程に定まらない傾向が予測できる。足の裏でしっかりと床をつかむイメージで，重心が上がらないように歌わせる指導があるとよいだろう。二部合唱をつくるときは，時間をかけて丁寧に行いたい。特に，二部に分かれる最初の音符の音程確認は絶対に怠ってはいけない。教師が自らの声やピアノによって，音程を示してあげるサポートが必要だ。きれいにハーモニーが鳴らないときは，その音符でフェルマータ（程よく伸ばす）することを試みたい。

　授業の最後はソプラノリコーダーのパート練習に入る。ソプラノリコーダーの吹く旋律は，やまびこの模倣である。編曲の配慮もあり音型は歌とほぼ同じであるので，練習も比較的容易ではないかと思われる。

4．4時間目（4／4）

めあて　合唱とソプラノリコーダーを合わせて演奏することができる

　単元のまとめの時間であるので，これまで授業で行ってきた学習の総復習をし，題材を完成させる。はじめはやはり歌唱の練習から入りたい。ソプラノリコーダーの練習から入ることも悪くはないのだが，器楽は個人練習をするので時間を費やす。授業計画が最後まで到達しない可能性が出てくるのだ。

　合唱とソプラノリコーダーの演奏を合わせる前に，教師がピアノで歌のパートを弾き，児童は全員でソプラノリコーダーを吹く手順を踏んでおこう。器楽と歌のテンポの誤差を修正しておくためである。児童の誰がどこのパートを演奏するのかという割り当ては，クラスによって違うだろう。そこは教師の裁量なので，ここであえて説明することは割愛するが，好きなところを演奏してよい，という指示だけは危険である。パートのバランスを取ることが大変であるだけでなく，希望のパートを演奏できない一部の児童が出てくることもよくない。既存の班やパート分けを利用して，教師がある程度指示を出すことをお勧めしたい。

　単元のまとめとして，最後は演奏を録音して聴かせる。「録音をする」と教師が言うだけで，児童には集中力がみなぎる。単元のまとめとしてふさわしい演奏になるであろう。録音した演奏を鑑賞した後に，教師が前向きなコメントを出せば，児童に自信を植えつけることもできる。次の単元に向けて，さらな

るステップアップになることは必至である。

5. 補足

（1）めあての設定

　授業のめあては，最小のものにとどめておきたい。めあてを大きく設定した結果，1時間の授業中に定めた目標が達成できなかったら，児童たちがどんなに授業内で頑張った取り組みをしたとしても，その授業は失敗だ。教師が授業のテーマを，はっきりさせておくことが大切であろう。

（2）題材について

　作曲者のメラー（Moeller）はドイツ人で，原曲にはドイツ語の歌詞がついている。教科書に載っている日本語の歌詞は，英訳からの邦訳と考えられており，この曲はアメリカからの輸入作品といえるだろう。日本語を作詞した保富庚午（1930-83）は，「大きな古時計」の邦訳でもおなじみの作詞家である。歌詞の「バルデリー，バルデラー，バルデロー」は，特別な意味があるわけではない。語呂合わせの側面が強いといわれている。山歩きをする人々の軽快な心理を表現した言葉なのであろう。ドイツ語から英語，そして日本語になる過程で，歌詞のニュアンスも幾分変わった。しかし，音楽のもつ精神性は普遍的だ。音楽が世界の共通語でもあるといわれる所以である。音楽の本質を日本語で受け継ぎ，授業では歌っていきたい。

（3）歌唱指導の注意点

　しつけという側面も含めて，歌唱指導で一番大切なのは，よい姿勢で，呼吸を整え，しっかりと口を開けて歌うことである。前向きに取り組む習慣がなくては，発展的学習は難しいであろう。ところが，小学校4年生ぐらいから，歌唱のマナーを逸脱する児童がちらほら見えてくることがある。これまで当たり前のようにできていたことが，自我の芽生えで反抗的に振る舞いたくなる時期のようである。また，よい意味で目立ちたい児童が登場してくる時期でもある。これらは児童の成長の表れであり，すべてが悪いというわけではない。しかし，教師は個に目をかけながらも，クラスとしての集団をどのように導いていくかをいつも模索しなければならない。必要なのは，教師の指導法に，ぶれが生じないことではないだろうか。

第3節　学習方法

　題材のことは，教師が誰よりも深く理解しておいてほしい。児童の学習活動と同じ体験を教師がもたなければ，児童の気持ちはわからない。故に本当によい指導はできない。教師自らが題材を歌い，リコーダーを吹く中で，児童はどのように演奏したいか，どのような声かけがあると児童はやる気になるか，演奏することが難しい箇所はどのような教育的配慮が必要か，などを考えることが大切である。そうすれば，おのずと指導するべき内容が見えてくる。

　これを計画に直す作業が学習指導案の作成だ。何を，どのような手順で指導し，最終的に児童に何を身につけさせたいか，というマニュアルである。オリジナルの指導法を編み出すことは目的ではない。特に，「指導計画」と「本時の展開」を導き出す訓練は必須だ。本章の指導案を参考にし，さまざまな題材を使用して何度も書く練習をしてほしい。

課題

1. 学習指導案作成の手順は確認できたか。
2. 毎時間のめあての立て方と指導手順は理解できたか。
3. 本時の指導における題材分析について理解できたか。

より深く学習するための参考文献

佐野靖編著『小学校・音楽科　新学習指導要領ガイドブック』教育芸術社，2018年

第 **5** 章

表現（器楽を伴った歌唱2）

　　拍の流れに乗って器楽を演奏するためには，あらかじめ曲想を理解しておくことが重要である。器楽の演奏に入る前に十分に歌詞唱や階名唱を行うことで，スムーズに器楽の練習に移ることができるだろう。器楽と歌唱の練習を常にリンクさせながら学習に取り組ませるようにした。本章では具体的な指導案を示し，器楽と歌唱の練習を常にリンクさせながら学習に取り組ませる例について解説する。また，反復と変化のおもしろさを，体を動かすことを通して感じられるよう，何回か同じことを繰り返した後に速度，強弱などを変化させることが望ましいと考える。

キーワード　拍の流れ　音の重なり合い　リズムづくり　音量のバランス

第1節　第1学年「げんこつやまの　たぬきさん」

1. 題材名

　「はくにのって　リズムを打とう」

2. 題材の目標

○歌ったり体を動かしたりしながら，拍の流れを感じ取ることができる。
○リズムの違いに気づいたり，拍の流れに乗って簡単なリズムを演奏したりすることができる。

3. 教材について

「げんこつやまの　たぬきさん」わらべうた

　子ども向けに広く知られたわらべうたである。保育園や幼稚園でも多く取り上げられ，低学年における体の動きを伴った学習活動と容易に結びつけやすい教材である。

4. 第2時／全2時間

（1）めあて

○「たん　たん」「たん　たん」「たん　たん」「たん　○」のリズム打ちをする。

（2）展開

○学習内容　　　・学習活動	●指導上の留意点
○常時活動で，学習の雰囲気をつくる。 　・音楽に合わせて体をほぐす。	●リラックスしてのびのび活動できるように声かけをする。
○「げんこつやまの　たぬきさん」に合わせて歌ったり，音楽に合わせて体を動かしたりして遊ぶ。 　・拍の流れに乗って歩いたり，手拍子を打ったりしながら歌って遊ぶ。	●自由に体を動かしながら歌うようにする。 ●身振りの例を参考にして，歌の最後にじゃんけんをして遊ぶようにする。
○拍の流れに乗って，「たん　たん」「たんたん」「たん　たん」「たん　○」のリズムを演奏する。 　・歌詞のリズムに合わせて手拍子やカスタネット，タンブリン，鈴などを使ってリズムを打つ。	●タンブリンの持ち方や打ち方などの基本的な演奏の仕方の他に，楽器を大切に扱おうとする姿勢や，話を聞くときには音を鳴らさないなどの約束事について指導する。
○リズム譜を見て「たん　たん」「たん　たん」「たん　たん」「たん　○」のリズムをリズム唱したり，手拍子で打ったりする。 　・身振りをつけたりリズムを打ったりしながら歌い，歌の最後にじゃんけんをして遊ぶ。	●リズム譜を提示し，リズム唱をしたりリズムを打ったりしながら，「じゃんけんぽん」の言葉のリズムとの違いに気づくようにする。 ●全員で一斉にリズムを打つだけでなく，人数を減らしたり互いの演奏を聴き合ったり

| | して，拍の流れに乗っているかを常に意識
できるようにする。
●演奏速度を変えて遊ぶ。 |

※「たん　○」の「○」＝「休符」の部分では，大きく両手を広げるなど，はっきりとした動作で示すことが大切である（児童に，同様に大きな動作を求めてはいけない）。流れに乗って遊ぶ際には，楽しくポーズを決めて動きを止めることで，休符を意識させるとよい。

第2節　第1学年「どれみで　のぼろう」

1. 題材名

「けんばんハーモニカを　ふこう」

2. 題材の目標

○鍵盤ハーモニカに親しみながら，基本的な演奏の仕方を身につけることができる。
○階名で模唱や暗唱をしたり，これをもとにきれいな音で楽器を演奏したりすることができる。

3. 教材について

「どれみで　のぼろう」岩見俊太朗　作詞／黒澤吉徳　作曲
　　跳躍進行（ドミソ，ソミド）と順次進行（ドレミファソ，ソファミレド）の練習のために作曲されたオリジナル曲。鍵盤ハーモニカで演奏する部分はドレミファソの五音だけでできており，指くぐり，指またぎ，ポジション移動のない跳躍進行と順次進行の練習をすることができる。
　　歌詞のイメージと楽器で演奏する部分の音の動きが一致していて，音形のイメージを捉えやすい。

　　　じゃんぷで　のぼろう　　→　ド　ミ　ソ
　　　じゃんぷで　おりよう　　→　ソ　ミ　ド
　　　はしって　のぼろう　　　→　ドレミファソ
　　　はしって　おりよう　　　→　ソファミレド

4. 第2時／全4時間

(1) めあて

○互いの歌声を聴き合いながら，音の重なりを楽しんで表現できるようにする。

(2) 展開

○学習内容　　・学習活動	●指導上の留意点
○常時活動で，学習の雰囲気をつくる。 ・音楽に合わせて体をほぐす。 ・簡単な発声練習をする。	●リラックスしてのびのび活動できるように声かけをする。 ●伸ばす音を安定させるようにする。
○「ぶん　ぶん　ぶん」に合わせて歌ったり，リズムを打ったりして遊ぶ。 ・拍の流れに乗って歩いたり，手拍子を打ったりしながら歌って遊ぶ。 ・歌詞のリズムに合わせて「たん，たん，たん」や「たたたた，たん」のリズムを打つ。 ・リズム譜を見ながら，手拍子やカスタネット，タンブリン，鈴などを使ってリズムを打つ。	●自由に体を動かしながら歌うようにする。 ●リズム譜を示し，「たた」は「たん」を二つに分割したリズムであることに気づかせるようにする。 ●楽器の違いによって，楽器の持ち方や打ち方など，演奏方法が異なることを確認する。
○「どれみで　のぼろう」の曲の感じをつかむ。	●暗唱できるように，繰り返して歌う。 ●手の形に気をつけて指遊びをしながら歌う。
○拍の流れに乗って鍵盤ハーモニカを演奏する。 ・鍵盤ハーモニカのドの位置に1の指を置いて演奏する。	●手の形に気をつけて鍵盤上に指を置いているか確かめるようにする。
○歌の組と鍵盤ハーモニカの組に分かれて一緒に演奏する。	●リズムがそろわないときは，もう一度手拍子などでリズムを打って確認するようにする。

※「たん，たん，たん」や「たたたた，たん」のリズムを打つ際に，二人ペアになって向き合って座らせ，両手タッチをして互いにリズムの動きが感じられる遊びを入れるとよい。また，4分音符から8分音符に変わるときの楽しさを味わわせたい。

※鍵盤での指の動きを確認させる際に，自分の反対の手のひらの上で動かしたり，ペアの友達の手のひらの上で動かしたりする練習を取り入れると，音を出さずにチェックすることができる。

第3節　第2学年「いるかは　ざんぶらこ」

1. 題材名

「はくにのって　リズムを打とう」

2. 題材の目標

○リズム譜に親しみ，拍子を感じ取りながら，簡単なリズムを演奏することが
　できる。
○リズム伴奏に乗って，歌ったり楽器を演奏したりすることができる。

3. 教材について

「いるかは　ざんぶらこ」東龍男　作詞／若松正司　作曲
　「いるかは　いるか」「ばったは　バテた」「かえるは　かえる」といった言
葉遊びが楽しい曲であり，4分休符で始まるリズムが，この曲の特徴となって
いる。
　「強拍　弱拍　強拍」のリズム伴奏をリズム唱したり，手拍子や打楽器で打っ
たりしやすく，3拍子の特徴を捉えやすい。

4. 第2時／全2時間

(1) めあて

○3拍子を感じながらリズムを打ったり，体を動かしたりする。

(2) 展開

○学習内容　　・学習活動	●指導上の留意点
○常時活動で，学習の雰囲気をつくる。 ・音楽に合わせて体をほぐす。 ・簡単な発声練習をする。	●リラックスしてのびのび活動できるように声かけをする。 ●伸ばす音を安定させるようにする。
○曲の感じをつかんで歌う。 ・「いるかは　ざんぶらこ」の範唱に合わせて体を揺らしながら聴く。	●自由に体を動かしながら聴くようにする。 ●3拍をひとまとまりで捉えて，3拍子のリズムを体で感じ取るようにする。

・3拍子の拍の流れを感じ取って歌う。	●フレーズのはじめの強拍が休符であることを確認する。
○リズム譜を見て打楽器で演奏する。 ・二人一組になり，【上段】（ウン）タンタンと【下段】タン（ウン）（ウン）のリズムを分担してリズム打ちの練習をする。 ・歌に合わせてリズム伴奏をする。	●歌詞唱をしながら手拍子やひざ打ちなどで練習する。 ●カスタネットやタンブリン，鈴などの楽器を使って，強拍と弱拍にふさわしい音色の楽器を選んで演奏する。
○3拍子のリズムに乗って，バンブーダンスを楽しむ。 ・三人一組になり，交替しながらバンブーダンスの練習をする。 ・歌に合わせてバンブーダンスを楽しむ。	●竹の棒を準備しておく。 ●床にビニールテープを2本貼っておき，竹にぶつからないで練習できるようにする。 ●「1，2，3」と声をかけながら，最初はゆっくり跳ぶ練習をし，徐々に速度を上げていくようにする。

※【上段】（ウン）タンタンと【下段】タン（ウン）（ウン）で，休符の位置が理解できずに混乱することがあるので，楽しく繰り返して練習するとともに，何人かずつ前に出て発表する場を設定することで，「正しく覚えよう」という意識が高まったり，「最後までリズムをキープしよう」という緊張感が生まれたりする。

第4節　第2学年「かえるの　がっしょう」

1.　題材名

「音の高さに気をつけて演奏しよう」

2.　題材の目標

○音の高さに気をつけながら，階名で模唱や暗唱ができる。
○声の出し方や発音に気をつけながら歌ったり，階名暗唱をもとに，きれいな音で楽器を演奏したりすることができる。

3.　教材について

「かえるの　がっしょう」岡本敏明　日本語詞／ドイツ民謡
　　原曲は，輪唱で有名なドイツ民謡。4つの動機（2小節フレーズ）からなり，起承転結を感じさせる構成になっている。ド〜ラの六音からなる旋律で，輪唱

教材としてはもとより，鍵盤楽器の学習にも適している。

4. 第2時／全2時間

(1) めあて
○二つの組に分かれて歌ったり鍵盤ハーモニカを弾いたりする。

(2) 展開

○学習内容　・学習活動	●指導上の留意点
○常時活動で，学習の雰囲気をつくる。 ・音楽に合わせて体をほぐす。 ・簡単な発声練習をする。	●リラックスしてのびのび活動できるように声かけをする。 ●伸ばす音を安定させるようにする。
○曲の感じをつかんで歌う。 ・「かえるの　がっしょう」の範唱を聴いたり，伴奏に合わせて歌ったりする。 ・歌詞を読んだり，挿絵を見たりして様子を思い浮かべる。	●かえるが楽しそうに歌っている様子を思い浮かべ，明るい歌声や表情で歌うようにする。
○拍の流れに乗って，歌詞唱や階名唱をする。 ・4拍子の拍の流れに乗って歌詞唱したり，ドレミ遊びやドレミ体操など体の動きを工夫しながら階名唱したりする。	●範唱に合わせて，「たん　たん　たん　たん」「たん　たん　たん　○」のリズムを手拍子で打ちながら楽しく取り組むようにする。
○互いの歌声に気をつけて輪唱する。 ・二つの組に分かれて，歌詞や階名で輪唱する。	●最初から輪唱の活動に入らず，まずは旋律を2小節ごとに分担して交互唱する。そうすることでフレーズを感じられるようにする。 ●二つの組を交替して，二つのポジションを経験することができるようにする。
○音色に気をつけて，旋律を楽器で演奏する。 ・二つの組に分かれて，オルガンや鍵盤ハーモニカなどの鍵盤楽器で演奏する。	●1，5小節目ではドに1の指を置き，3小節目ではミに1の指を置く，というポジション移動について確認しながら進める。 ●鍵盤ハーモニカの場合，同じ高さの音は鍵盤を押さえたままタンギングする。

※ポジション移動の際に，親指だけ無理に動かそうとすることがあるので，「腕を動かす」「手のひら全体を移動させる」ことを意識させて，リズムの中で慌てずにゆったりとした気持ちで移動できるようにしたい。

第5節　第3学年「あの雲のように」

1. 題材名

「旋律の特徴を感じ取ろう」

2. 題材の目標

○音の重なりを楽しみながら，気持ちを合わせて演奏することができる。

3. 教材について

「あの雲のように」芙龍明子　作詞／作曲者不明／飯沼信義　編曲

　　教科書の教材の中では数少ないゆったりとした3拍子の曲である。

　　①のパートが主旋律で，②のパートが副次的な旋律である。二つのパートが三度の音程を中心に重なっている。曲想を生かしてレガートで歌ったり，合唱したりするとともに，構成音がソ〜レの五音なので，3年生でもリコーダー合奏を楽しむことができる曲である。

　　リコーダーの音を重ね，響きを味わう活動を通し，声の重なりを楽しむ活動につなげたいと考え，この教材を選択した。

4. 学習指導要領との関連

【A表現】

　（1）歌唱

　　　ア　歌詞の内容，曲想にふさわしい表現を工夫し，思いや意図をもって歌うこと。

　　　ウ（ウ）互いの歌声や副次的な旋律，伴奏を聴いて，声を合わせて歌うこと。

　（2）器楽

　　　ウ（ウ）互いの楽器の音や副次的な旋律，伴奏を聴いて，音を合わせて演奏すること。

〔共通事項〕

　　　ア……旋律，音の重なり，拍の流れ

5．指導計画（全3時間）

時	○学習内容　　・学習活動	●指導上の留意点
1	○拍の流れに乗って主旋律を歌う。 ・範唱を聴いて曲の感じをつかむ。 ・3拍子の拍の流れに乗って，曲の感じに合う声で①のパートを歌詞唱する。 ・階名唱をして，音の高さを感じ取る。 ○音色に気をつけて，主旋律をリコーダーで演奏する。 ・①のパートを階名唱しながら，運指を確認する。 ○歌とリコーダーとで①のパートを合わせて演奏する。	●曲から受ける感じを言語化して友達に伝えられるようにする。 ●歌詞の内容を理解し，イメージをもって歌えるようにする。その際教科書のコラムや挿絵を参考にする。また3拍子の流れに乗って体を揺らしながら歌ってもいいことを伝える。 ●階名唱をしながら音高に合わせて手を動かし，音程を意識できるようにする。 ●音色に意識を向けるようにする。
2	○音色に気をつけて，副次的な旋律をリコーダーで演奏する。 ・②のパートを階名唱し，リコーダーで演奏する。 ・4グループに分かれ，息の強さやタンギングに気をつけながら，曲の感じに合う表現を目指して練習する。 ○①と②のパートを合わせ，音の重なりを感じ取る。 ・①②のパートをリコーダーで演奏する。 ・クラスでリコーダー二部合奏をし，音の重なりについて感じたことを発表する。 ○互いの音を聴き合って，歌とリコー	●前時の学習を思い出し，②のパートでも曲の感じに合うよう，音の出し方に気をつけるよう促す。 ●グループ内の互いの音を聴き合いながら演奏できるよう，集まり方，練習の仕方をアドバイスする。 ●音を重ねることによって，曲の感じがどう変わったかについて感想を述べるよう指導する。 ●音を重ねる場合，タイミングを合わせることや，音の出し方に気をつけることも大切であることを示す。 ●①のパートが主旋律という意識を

	○学習内容　　・学習活動	●指導上の留意点
2	ダーを合わせて演奏する。 ・①のパートを歌詞唱で，②のパートをリコーダーで合わせる。 ・少人数での演奏を聴き合い，音の重なりを感じ取る。また感想を伝え合う。	もって演奏するように促す。
3	○3，4段目のみ担当パートに分かれて歌う。 ・4グループに分かれ，互いの声に耳を傾けながら，担当パートを練習する（パート練習）。 ○それぞれのパートを合わせて合唱し，声の重なりを楽しむ。 ・少人数で二部合唱する。また聴いている人は感じたことを発表する。 ・声の重なりを楽しんで二部合唱する。	●音が不安定になりそうなときはリコーダーで旋律を吹いて音程を確かめるように促す。 ●今までの学習を思い出して歌うように意識させる。 ●聴く側は，特に声の重なりによる響きの感じについて，言葉で伝えられるようにする。

6. 第3時／全3時間

（1）めあて
○互いの歌声を聴き合いながら，音の重なりを楽しんで表現できるようにする。

（2）展開

○学習内容　　・学習活動	●指導上の留意点
○常時活動で，学習の雰囲気をつくる。 ・音楽に合わせて体をほぐす。 ・簡単な発声練習をする。	●リラックスしてのびのび活動できるように声かけをする。 ●伸ばす音を安定させるようにする。
○前時までの学習を振り返る。 ・曲の感じを思い出し，歌詞唱・階名唱する。またリコーダーで二重奏をして音の重なりを感じ取る。 ○本時のめあてを確認する。	●友達と声・音をそろえて演奏するよう促す。 ●姿勢，口の開け方，拍子に乗っているか等，必要に応じて声かけをする。

声の重なりを楽しんで歌おう	
○3，4段目をクラス全体で練習する。 ・②のパートを歌詞唱する。 ・クラス全体と教師で声を重ねる。 ・声の重なりを楽しむために，それぞれの 　パートで気をつけることを確認する。 ・3段目最後「うかぶ」の 'ぶ' と4段目 　初め「夢」の 'ゆ' の音を伸ばして歌い， 　声の重なりを確かめる。	●②のパートでも曲の感じに合うよう，音の 　出し方に気をつけるよう促す。 ●特に3段目から4段目に入るところの音程に 　気をつけて歌えるように，音高に合わせて 　手を動かし，音程を意識できるようにする。 ●相手パートを感じて歌うよう意識させる。
○3，4段目のみ，グループに分かれて担当 　パートを歌う。 ・4グループに分かれ，互いの声に耳を傾 　けながら，担当パートを練習する。	●音が不安定になりそうなときは，リコー 　ダーで旋律を吹いて音程を確かめるように 　促す。
○それぞれのパートを合わせて合唱し，声の 　重なりを感じ取る。 ・それぞれ担当パートを歌いクラス合唱する。 ・2グループずつ合唱をする。また聴いて 　いる2グループは，感じたことを発表する。 ・まとめとしてクラス二部合唱をして楽しむ。	●今までの学習を思い出して歌うように意識 　させる。 ●聴く側は特に声の重なり具合や響きの感じ 　について言葉で伝えられるようにする。

※二重唱・二重奏になった際に，相手のパートにつられずに音の重なりを楽しみながら表
　現するための授業である。リコーダーで演奏しながら，音が重なっていることを意識させ，
　はっきりとした音で演奏できるようになることで，歌うときの大きな支えとなるように
　したい。

第6節　第3学年「山のポルカ」

1. 題材名

「旋律の特徴を感じ取ろう」

2. 題材の目標

○旋律の特徴を感じ取りながら，想像豊かに聴いたり思いや意図をもって表現
　したりすることができる。

○旋律の特徴を生かして，曲想にふさわしい表現の仕方を工夫しながら演奏することができる。

3. 教材について

「山のポルカ」チェコ民謡／岡部栄彦　編曲

　日本でもよく知られたチェコ民謡。軽快なリズムが楽しい「ア」の部分と，二部合奏のハーモニーが美しい「イ」の部分の対比を感じて演奏させたい。

4. 第2時／全2時間

(1) めあて
○旋律の音の動きやリズムに気をつけながらリコーダーを吹く。

(2) 展開

○学習内容　　　・学習活動	●指導上の留意点
○常時活動で，学習の雰囲気をつくる。 ・音楽に合わせて体をほぐす。 ・簡単な発声練習をする。	●リラックスしてのびのび活動できるように声かけをする。 ●母音をはっきりと発音させるようにする。
○旋律の特徴を感じ取り，曲の構成に気づく。 ・「山のポルカ」の範奏を聴いて，感じたことを話し合う。 ・「ア」→「イ」→「ア」のそれぞれの特徴を言葉や体の動きなどで表し，曲の構成に気づく。	●旋律の特徴や曲の構成について気づいたことを整理できるように板書する。 ●うまく言葉で表せないような場合は，どんな特徴が感じられたのか，体の動きで表させるようにする。
○運指や音色に気をつけて，「イ」の部分をリコーダーで演奏する。 ・「イ」の①と②のパートをそれぞれ階名唱する。 ・タンギングを意識して「トゥ」で歌い，①と②のパートを重ねて合唱の体験をする。 ・リコーダーのファとミの運指を知る。 ・「イ」の①と②のパートをリコーダーで練習する。	●リコーダーの演奏に入る前に，指導者の範唱に合わせて階名模唱することから始める。 ●「トゥ」が「フゥ」になっていないか，静かにそっと息を出せているか，口の前に手のひらを当てて確かめるようにする。 ●指先の腹の部分で優しく穴をふさぐことができているか，一人ひとり確かめるようにする。

・「イ」の①と②のパートを合わせて演奏する。	
○旋律の音の動きや曲のまとまりを感じながら，リコーダーの演奏の仕方を工夫する。 ・8分音符の細かな動きやタンギングの仕方を工夫して演奏する。 ・息つぎの前の音を丁寧に吹いたり4小節を一息で吹いたりすることに気をつけて演奏する。	●休符やブレス記号の位置を確認し，フレーズのまとまりを意識しながら演奏させるようにする。

※「トゥートゥー吹き」と「フゥーフゥー吹き」の音の違いを聴かせ，自分で気づいて直せるようにする。

※指先の腹の部分で優しく穴をふさぐことができているか確認するために，厚紙などに同様の穴を開け，ふさげているかどうか反対側から目で見てわかるような教材をつくるのもよい（この曲では使わないが，特に「ド」と「レ」の練習に有効である）。

第7節　第4学年「オーラ・リー」

1. 題材名

「音の重なりを感じ取ろう」

2. 題材の目標

○異なる旋律や音が重なり合う響きを感じ取りながら演奏する。
○互いの音をよく聴き合い拍の流れに乗って演奏することができる。

3. 教材名

歌唱教材「パレードホッホー」
鑑賞教材「ファランドール」
合奏教材「オーラ・リー」

4. 学習指導要領との関連

【A表現：(2) 器楽】

 ウ（ウ）互いの楽器の音や副次的な旋律，伴奏を聴いて，音を合わせて演奏
  すること。

〔共通事項〕

 ア 音色，リズム，拍の流れ，音の重なり

5. 教材について

歌唱「パレードホッホー」高木あきこ 作詞／平吉毅州 作曲

 旋律の重なりを学習するためにつくられたオリジナル曲。A（a4 + b4）+ B
（c4 + c´4）の二部形式。はずむようなリズムでつくられた🄰の旋律と，伸びや
かなリズムでつくられた🄱の旋律が対照的な特徴をもっているため，二つの旋
律を重ねたときの音楽的な効果もおもしろい。

鑑賞「ファランドール」ビゼー 作曲

 フランスの作曲家ジョルジュ ビゼー（1838 ～ 1875）の作品。戯曲「アル
ルの女」のために作曲された付随音楽の中から4曲を選んで，ビゼーの死後，
友人の作曲家エルネスト ギロー（1837 ～ 1892）が大編成のオーケストラ用
に編曲したものが「アルルの女」第2組曲である。

 この「ファランドール」は，劇中，村人たちが踊るファランドール舞曲と，
民謡として合唱される「3人の王の行進」を合わせて，ギローが編曲したもの
である。

器楽「オーラ・リー」ジョージ・R・プールトン 作曲

 1861年に発表されたアメリカの大衆曲。エルヴィス・プレスリーがこの曲
を原曲としたラヴ・ミー・テンダーのタイトルで発表した曲でもある。主旋律
に調和する副旋律を考えさせ，音の重なりの美しさを表現させることがねらい
であり，最終的には，グループごとに合奏で発表することを目標とする。

6. 題材の指導計画と評価計画（全7時間扱い）

次	時	◆ねらい ○学習内容 ・学習活動	●指導上の留意点
第1次	1	◆「ファランドール」を聴いて旋律の重なりを感じ取る。 ◆「パレードホッホー」の旋律の重なりを感じ取る。 ○旋律の特徴に気をつけて聴く。 　・教科書の絵譜を参考に，「王の行進」と「馬のダンス」の旋律の特徴を感じながら聴く。 ○「パレードホッホー」の旋律の重なりを確認しながら歌う。 　・アとイの旋律の特徴を確認する。	●二つの旋律が繰り返し演奏されていることや，それぞれの旋律がいろいろな楽器で演奏されていることに気づくようにする。 ●それぞれのパートの旋律の違いを確認し，合わせた響きを感じ取らせる。
	2	◆「オーラ・リー」の旋律の特徴を感じ取り，音色に気をつけて演奏する。 ○リコーダーパート，鍵盤ハーモニカパートを階名唱し演奏する。 ○木琴，鉄琴，バスオルガンなどのパート決めをする。 　・教師の範奏によるパート紹介を聴いてパートを決める。	●階名や運指を確認する。
第2次	3・4	◆それぞれのグループで複数の旋律を聴き合いながら拍を合わせて演奏する。 　・それぞれのパート練習をする。 ○異なるパートを合わせたグループをつくり，練習をする。 例：鍵盤ハーモニカと木琴，リコーダーと鉄琴など	●旋律の重なり合いが感じられるパート同士のグループをつくる。 ●各グループに打楽器を入れて拍を担当させる。
	5	○それぞれのグループで拍に合わせて練習する。 　・打楽器の拍に合わせてグループ練習をする。	●それぞれのパートの注意を確認して拍に合わせて演奏させる。

		◆それぞれの楽器やパートの良さに気づき演奏を楽しむ。 ◆旋律の重なり合いを感じ取りながら拍に合わせて演奏する。	
第3次	6	○それぞれのグループが曲の流れの順に演奏し合い，旋律や音の重なり合いを感じ取る。 ・旋律や音の重なり合いを感じながら演奏する。 ・他のグループの演奏をよく聴き，異なる旋律が重なり合う様子を感じさせる。	●互いの音をよく聴き合い拍を合わせて演奏することができるよう声かけする。 ●他のグループの演奏を聴いた感想を発表させる。
	7	○重なり合う響きを感じ取りながら合奏する。 ・それぞれのパートが重なり合う響きを感じ取りながら演奏する。 ・通し演奏をする。	●それぞれの楽器のもつ音色に注意を向けさせる。 ●どの楽器やパートが主旋律，または副次的な旋律なのかを表を使って確認する。

7. 第6時／全7時間中

(1) 本時のねらい

○異なる旋律や音が重なり合う響きを感じ取りながら演奏する。

○他のグループの演奏を聴いて旋律や音の重なりを感じ取る。

(2) 本時の展開

時間	○学習内容　・学習活動	●指導上の留意点
導入 3分	○互いの音を聴き合いながら歌う。 ・「パレードホッホー」を歌う。	●二つの旋律の重なりを感じ取りながら歌うよう声かけする。
展開 35分	○それぞれのグループ別に練習する。 ・互いの音をよく聴き合い拍を合わせて演奏する。	●旋律や音の重なり合いを感じられるように互いによく聴いて演奏するように声かけする。 ●大太鼓で拍を取る。

展開 35分	○それぞれのグループの発表を演奏したり聴いたりして感想を発表し合う。 ・Ａを第1グループが演奏する。 ・Ａ'を第2グループが演奏する。 ・Ｂを第3グループが演奏する。 ・Ｃを第4グループが演奏する。	第1グループ 鍵盤ハーモニカ，鉄琴 第2グループ 鍵盤ハーモニカ，木琴 第3グループ リコーダー，キーボード 第4グループ リコーダー，鍵盤ハーモニカ，バスオルガン
まとめ 7分	○互いの音をよく聴き，拍に合わせて旋律や音の重なり合いを感じながら演奏する。 ・ＡからＣまでグループ順に演奏リレーをする。 ・旋律や音の重なり合いを感じ取れたかを振り返る。	●互いの音をよく聴き合い拍を合わせて演奏することができるよう声かけする。 ●演奏リレーをして仕上がりへの見通しをもたせるようにする。 ●挙手で児童に振り返りをさせる。

※旋律や音の重なり合いを感じられるように互いによく聴いて演奏するためには，自身のパートを正しく演奏できるようになっていなくてはならない。各パートに分かれたときには，特に習熟度に差が表れやすいので，合奏する前に習熟度の確認を行い，足りない部分については授業以外での練習が必要となってくる。

第8節　第4学年「冬の歌」

1. 題材名

「旋律の特徴を感じ取ろう」

2. 題材の目標

○旋律の特徴を感じ取りながら，想像豊かに聴いたり思いや意図をもって表現したりすることができる。
○旋律の特徴を生かして，曲想にふさわしい表現の仕方を工夫しながら演奏することができる。

3. 教材について

「冬の歌」中山知子　日本語詞／フリスト・ネジャルコフ　作曲／飯沼信義
編曲
　　原曲は，ブルガリアの音楽家フリスト・ネジャルコフが作曲した童謡。
NHK「みんなのうた」で紹介され，広く知られるようになった。馬に引かれ
たそりに乗った様子が表現されていて，軽快なリズムを感じながら歌ったり演
奏したりすることができる。

4. 第2時／全2時間

(1) めあて
○曲の感じを生かしてリコーダーを吹く。

(2) 展開

○学習内容　　　・学習活動	●指導上の留意点
○常時活動で，学習の雰囲気をつくる。 ・音楽に合わせて体をほぐす。 ・簡単な発声練習をする。	●リラックスしてのびのび活動できるように声かけをする。 ●母音をはっきりと発音させるようにする。
○曲の感じをつかみ，主旋律を歌う。 ・歌と楽器の響きに気をつけて，情景を想像したり体を自然に動かしたりしながら曲を聴く。 ・リズムに乗って主旋律を歌う。	●想像した情景や歌と楽器が重なる響きについて気づいたことを話し合うようにする。 ●拍打ちをしながら歌うようにする。
○旋律の重なりを感じ取って歌う。 ・主旋律が引き立つように，音量のバランスに気をつけながら合唱する。 ・それぞれの旋律を階名唱する。 ・歌とリコーダーを合わせて演奏する。	●リコーダーの演奏に入る前に，指導者の範唱に合わせて階名模唱することから始める。 ●「トゥ」が「フゥ」になっていないか，静かにそっと息を出せているか，口の前に手のひらを当てて確かめるようにする。 ●連続した音が雑にならないように，ゆっくりとしたテンポから始め，リズムに乗りながら演奏できるようにする。

○リズム伴奏をつくって楽しむ。	●2小節分のリズムパターンを2種類つくり，前半と後半で8小節間ずつ繰り返して演奏させるようにする。
・グループに分かれて，曲の特徴に合うリズム伴奏を考える。	
・歌とリコーダー，リズム伴奏を合わせて合唱奏を楽しむ。	●歌の旋律と同じリズムにならないようにさせる。
	●そりが軽快にすべっている様子が伝わるようにリズムや楽器の組み合わせを工夫させる。

※連続した音を演奏するときこそ，タンギングが正しくできているかを確かめられるチャンスである。ゆっくりとしたテンポの中で，丁寧に確かめられるようにしたい。
※リズムづくりでは，旋律と同じリズムになりがちなので，休符の位置を意識させ，いくつかの例を示しながらリズムづくりの楽しさに気づかせていきたい。

第9節　第4学年「神田囃子」

1. 題材名

「お囃子の音楽に親しもう」

2. 題材の目標

○お囃子の良さやおもしろさを感じ取り，自分たちのお囃子をつくって表現することで，お囃子の音楽に親しむ。

3. 学習指導要領との関連

【A表現：(3)音楽づくり】
　　ア　音を音楽に構成する過程を大切にしながら，音楽の仕組みを生かし，思いや意図をもって音楽をつくること。
〔共通事項〕
　　　　ア　リズム，音階，拍の流れ
　(3)　教材観
　　　鑑賞教材「神田囃子」

「神田囃子」は，東京の神田祭の祭囃子。はじめは葛西囃子が奉仕していたが，

あるとき奉仕にこられなくなったのを契機に，氏子がうろ覚えで始めたのが初発という。大太鼓1，締太鼓2，笛1，手平鉦1による五人囃子であり，「屋台」「昇殿」「鎌倉」「仕丁舞」の葛西囃子系の曲のほか，「神田丸」「亀井戸」「麒麟」「鞨鼓」の独自の曲をもっている。別に紀州和歌浦からの伝来説もある。

4. 題材の指導計画と評価計画（全5時間扱い）

次	時	◆ねらい　○学習内容　・学習活動	●指導上の留意点
第1次		◆お囃子のリズムやふしづくりをし，拍の流れの良さや楽しさを感じ取る。	
	1	○お囃子を聴いて，お囃子に興味をもつ。 ・「神田囃子」を聴く。 ○お囃子のリズムをつくる。 　「4－1のふし」づくり ・お囃子の音楽に合った，ふしのリズムを考え，リズムづくり用の音符カードを使って，2小節のリズムをつくる。 ・数名の児童に音符カードを選ばせ，2小節のクラス全体の作品「4－1のふし」のリズムをつくる。 　「班のふし」づくり ・班ごとに，音符カードを組み合わせ，2小節のリズムをつくる。 （4人で1つの班とし，32名を8班に分ける） ・つくったリズムをリズム譜に組み合わせて「班のリズム」を完成させる。	●「神田囃子」聴かせ，今回つくる，お囃子の雰囲気を味わわせる。 ●リズムづくりの音符カードを使い4分4拍子で2小節のリズムをいくつかつくり提示する。 ●つくったリズムをいくつか組み合わせ全員でリズム打ちをさせる。 ●4分の4拍子になっているか班ごとにチェックする。
	2	○おはやしの，ふしづくりをする。 ・「神田囃子」を聴く。 　「4－1のふし」づくり ・前時でつくったリズムに音符カードを選んで「4の1のふし」をつくる。 ・全員で「4－1のふし」をリコーダーで吹く。	●「神田囃子」を聴かせお囃子の雰囲気を味わう。 ●全員が演奏しやすい音にするよう促す。

第1次	2	「班のふし」づくり ・前時でつくったリズムを使いリコーダーで「ミ・ソ・ラ・ド・レ」の五音音階の中から選び，班で気に入ったふしをつくる。 ・リズム譜に「ミ・ソ・ラ・ド・レ」を書き，リコーダーで演奏する。	●児童がリコーダーで吹いて確かめながらつくるようアドバイスする。 ●「ミ・ソ・ラ・ド・レ」を音符の下に大きく書くように助言する。
第2次		◆拍の流れに乗って，お囃子の伴奏に合わせて演奏し，お囃子のよさやおもしろさを感じ取る。	
	3	○お囃子のふしを演奏する。 「4-1のふし」の演奏 ・第1時でつくった「4-1のふし」を練習する。 ・「4-1のふし」の苦手な箇所を中心に，リコーダーで練習する。 「班のふし」の演奏 ・第2時でつくった「班のふし」を個人で練習する。 ・班ごとに練習する。 ○お囃子の伴奏のリズムを演奏する。 ・お囃子のリズムを全員でリズム打ちする。 ・お囃子の伴奏の楽器の担当を決める。	●「4-1のふし」の苦手な指づかいや跳躍する音などに気をつけながら，練習させる。 ●「班のふし」の苦手な箇所を中心に，リコーダーの練習をさせる。
	4	○つくったふしを「お囃子の伴奏」に合わせて演奏する。 ・「4-1のふし」をお囃子の伴奏に合わせる。 ・お囃子の伴奏に合わせ，「班のふし」を発表する。 ○「4-1のふし」と「班のふし」を組み合わせて演奏する。 ・「4-1のふし」をはさみながら班ごとにリレーをする。 ・舞台を利用して演奏する。	●拍を感じながらお囃子の伴奏に合わせるように助言する。 ●拍の流れに乗って練習するよう助言する。 ●お囃子の伴奏をしっかり聴き，合わせるよう助言する。 ●舞台を利用し，鉢巻をつけることによってお囃子の雰囲気を味わわせる。
	5	○ふしの順序を工夫する。 ・1～4班と5～8班はそれぞれ，4つ班の	●全体の流れを意識し，順序を考えさせる。

| 第2次 | 5 | 「班のふし」の順序を工夫し，「4－1のふし」を間に交えたふしをつくる。
・「4－1のふし」を組み込んだ1～4班のふしと，同じように「4－1のふし」を組み込んだ5～8班のふしをつなぎ合わせて演奏する。

○演奏を，録音・ビデオで撮影する。
・できあがったふしを演奏し録音・ビデオ撮影する。 | ●お囃子の演奏を，録音・ビデオで撮影し，自分たちの演奏を見たり聴いたりし，お囃子の良さを味わう。 |

5. 第4時／全5時間

(1) ねらい

○拍の流れに乗りながら，お囃子の伴奏に合わせて楽しく演奏する。

(2) 展開

時間	○学習内容　　・学習活動	●指導上の留意点
5分	・「お囃子の伴奏」をリズム打ちする。 ・児童のお囃子の伴奏を聴く。 （和太鼓，締太鼓，当り鉦，ちゃっぱ）	●拍を感じながらリズム打ちさせる。 ●お囃子の雰囲気を感じ取らせる。
35分	お囃子の伴奏にのってつくったふしを演奏しよう	
	○つくったふしを「お囃子の伴奏」に合わせて演奏する。 ・「4－1のふし」をお囃子の伴奏に合わせる。 ・「班のふし」を班ごとに練習する。 ・お囃子の伴奏に合わせ，「班のふし」を発表する。 ○「4－1のふし」と「班のふし」を組み合わせて演奏する。 ・「4－1」→1班→2班→「4－1」	●拍を感じながらお囃子の伴奏に合わせるよう助言する。 ●拍の流れに乗って練習するよう声をかける。 ●お囃子の伴奏をしっかり聴き，合わせるよう助言する。 ●掛け声を入れることで拍の流れを意

| 35分 | →3班→4班→「4-1」→5班→6班→「4-1」→7班→8班→「4-1」の順で演奏する。・舞台を利用して演奏する。 | 識させる。●舞台を利用し，鉢巻をつけることによってお囃子の雰囲気を味わわせる。 |
| 5分 | ○自分たちの演奏について感想を発表する。 | ●感想を発表させながら，振り返りをさせる。 |

※お囃子の雰囲気を感じながら楽しく演奏できるように，教師も常に一緒に演奏しながらリードしたり，得意な児童にはリーダーとして複数のグループに入って演奏させたりしたい。

第10節　第5学年「キリマンジャロ」

1. 題材名

「曲想を味わおう」

2. 題材の目標

○曲想やその変化を感じ取りながら，思いや意図をもって表現したり想像豊かに聴いたりすることができる。

○旋律の特徴を感じ取って，曲想を生かした表現の仕方を工夫しながら演奏することができる。

3. 教材について

「キリマンジャロ」ウォルフシュタイン＝ウォルフガングヤス　作曲／橋本祥路　編曲

　原曲は，ドイツのグループ「クスコ」が発表した「KILIMANJARO」。アフリカ大陸の最高峰キリマンジャロの，雪に覆われた神々しい姿に触発されてつくったという。鍵盤ハーモニカとリコーダーのやりとりが楽しい編曲になっている。

4. 第3時／全4時間

(1) めあて

○曲想を生かして合奏する。

(2) 展開

○学習内容　　・学習活動	●指導上の留意点
○常時活動で，学習の雰囲気をつくる。 ・音楽に合わせて体をほぐす。 ・簡単な発声練習をする。	●リラックスしてのびのび活動できるように声かけをする。 ●強弱を意識して歌うようにする。
○曲の感じをつかむ。 ・「キリマンジャロ」の楽譜を見ながら聴き，曲全体の感じをつかむ。 ・強弱記号や演奏順序について確認する。	●鍵盤ハーモニカとリコーダーが掛け合いながら演奏している様子や，「ア」と「イ」の曲想の違いに気づくようにする。
○旋律の特徴を生かして演奏する。 ・主旋律を階名唱する。 ・主旋律の特徴を生かして，鍵盤ハーモニカとリコーダーで演奏する。	●メトロノームで速度を示し，拍の流れに合わせて階名唱する。歌いながら，楽器の運指を確認する。 ●二つのグループに分かれて練習し，強弱やリズム，スタッカートなど「ア」「イ」の曲想の違いに気をつけて演奏する。
○楽器の特徴を生かして，鍵盤楽器1と2のパートを練習する。 ・拍の流れに合わせて，鍵盤楽器2のパートを演奏する。 ・拍の流れに合わせて，鍵盤楽器1のパートを演奏する。 ・伴奏に合わせて，鍵盤楽器1と2のパートを合わせる。	●音楽の土台となる低音のパートを先に練習するようにする。オクターブで音が動くところは，実態に応じて両手を使って演奏してもよいことにする。 ●「ア」と「イ」の曲想の違いを生かして演奏するようにする。 ●伴奏を聴いて，拍の流れに乗りながら演奏する。縦のリズムがそろうように，拍打ちをして支えるようにする。

※強弱やリズム，スタッカートなど，曲想の違いに気をつけて演奏する際には，「ここから変わる」「次から変わる」「このように変わる」というイメージをもたせ，意識的・意図的に演奏させることが大切である。

第11節　第5学年「リボンのおどり」

1. 題材名

「いろいろな響きを味わおう」

2. 題材の目標

○歌声や楽器が重なり合ういろいろな響きの特徴や違いを感じ取りながら，思いや意図をもって表現したり想像豊かに聴いたりすることができる。
○音の特徴や音色の違いを生かして，全体の響きのバランスに気をつけながら，音の組み合わせを工夫して演奏することができる。

3. 教材について

「リボンのおどり」芙龍明子　日本語詞／メキシコ民謡／原由多加　編曲

　原曲はメキシコ民謡の「ラ　バンバ」。曲に合わせて1組の男女が床に置かれた長いリボンを足だけで結んだりほどいたりする。短い曲なので，合唱や合奏の組み合わせを変えたり，速度や強弱に変化をつけたりして何回も演奏することができる。また，シンコペーションのリズムのおもしろさが全体の曲調をつくっていて，打楽器を効果的に加えることで，組み合わせのおもしろさを味わうことができる。

4. 第3時／全4時間

(1) めあて

○いろいろな楽器が重なり合う響きを感じながら演奏する。

(2) 展開

○学習内容　・学習活動	●指導上の留意点
○常時活動で，学習の雰囲気をつくる。 ・音楽に合わせて体をほぐす。 ・簡単な発声練習をする。	●リラックスしてのびのび活動できるように声かけをする。 ●リズムやアクセントを意識して歌うようにする。

○曲全体の感じをつかんで歌う。	●曲の想像される雰囲気と，曲のもつリズミ
・「リボンのおどり」の楽譜を見ながら聴き，曲全体の感じをつかむ。	カルな雰囲気を感じ取って歌うようにする。
・リズミカルな踊りの気分を感じ取って歌う。	
○各パートにふさわしい楽器を選んで演奏する。	●メトロノームで速度を示し，拍の流れを感じながら歌ったりリズム打ちしたりできるようにする。
・①～④のパートの旋律を階名唱して特徴をつかむ。	●16分音符などの細かい動きにふさわしい楽器，低い音の響きを生かせる楽器など，それぞれの旋律の特徴を考えさせる。
・⑥⑦のパートのリズムを手拍子で打って覚えたり，特徴をつかんだりする。	
・アクセントについて知る。	
・各パートにふさわしい楽器を選んで演奏する。	
○ファの位置を表すへ音譜表の読み方を知る。	●ト音譜表との関連をおさえるようにする。
・⑤のパートを演奏する。	
○重なり合う響きの変化を楽しむ。	●いろいろな組み合わせを試して響きの変化を楽しむようにする。
・曲全体のまとまりを考えて演奏を組み立てる。	
・グループで発表し合い，感想を述べる。	

※16分音符などの細かい動きに合わせて，リズミカルに演奏するために，アクセントの大切さに気づかせる。アクセント記号に印をつけるなど演奏しながら意識できるようにし，アクセントのある場合とない場合との違いについて話し合い，意識的に演奏させたい。

第12節　第5学年「威風堂々」第1番

1. 題材名

「和音の美しさを味わおう」

2. 題材の目標

○和音の響きの変化を感じ取りながら，思いや意図をもって表現したり想像豊かに聴いたりすることができる。

○和音の響きの美しさを感じ取って，互いの楽器の音を聴き合いながら，全

体の響きのバランスに気をつけて演奏することができる。

3. 教材について

「威風堂々」第1番　エルガー　作曲

全5曲からなる行進曲であるが，もっとも有名な第1番。中間部の旋律には
「Land of Hope and Glory（希望と栄光の国）」というタイトルの歌詞がつけられ，
イギリスの第二国歌のように親しまれている。

4. 第2時／全3時間

（1）めあて
○和音の移り変わりを楽しみながら，聴いたり合奏したりする。

（2）展開

○学習内容　　・学習活動	●指導上の留意点
○常時活動で，学習の雰囲気をつくる。 ・音楽に合わせて体をほぐす。 ・簡単な発声練習をする。	●リラックスしてのびのび活動できるように声かけをする。 ●伸ばす音を安定させるようにする。
○曲全体の感じをつかんで，主旋律を演奏する。 ・曲を聴いて，主旋律と伴奏の関わりを感じ取る。 ・♯ファの運指を知る。 ・反復記号について知る。 ・主旋律を階名唱し，旋律の特徴に合うよう，拍の流れに乗ってリコーダーの演奏をする。	●楽譜の進み方を確認する。 ●♯ファの運指を繰り返して練習する。
○楽器の特徴を生かして合奏を工夫する。 ・強弱や音量のバランスを工夫して合奏する。 ・全体の響きや伴奏を聴きながら合奏する。	●拍の流れに合わせて，正しい音程やリズムで演奏できるようにする。 ●音量のバランスを整えやすいように，あらかじめ人数配分を考慮し，楽器の選択肢を絞っておく。 ●オーケストラの響きや曲想の変化などを味わって聴くようにする。
○曲想の変化や和音の響きの美しさを味わって聴く。	●曲想の変化や楽器の音が重なり合う響きの美しさに気づいて演奏できるようにする。

・鑑賞用CDで全体を通して聴き，気づいたことを話し合う。 ○鑑賞して感じ取ったことを生かして演奏する。 ・鑑賞したことにより工夫しようと思ったことについて話し合う。 ・それぞれの工夫を感じながら演奏する。	

※♯ファの運指については，慣れない指づかいであるがゆえに混乱してしまう児童がいる。「♯」についてのイメージをもっていない場合もあるため，鍵盤の黒鍵を示したり，ファと♯ファの違いについて聴かせたりしながら，理解を促したい。

第13節　第6学年「ラバーズ・コンチェルト」

1. 題材名

「いろいろな音色を感じ取ろう」

2. 題材の目標

○歌声や楽器が重なり合ういろいろな響きの特徴や違いを感じ取りながら，思いや意図をもって表現したり想像豊かに聴いたりすることができる。

○音の特徴や音色の違いを生かして，全体の響きのバランスに気をつけながら，音の組み合わせを工夫して演奏することができる。

3. 教材について

「ラバーズ・コンチェルト」デニー・ランデル，サンデー・リンザー　作曲／石桁冬樹　編曲

　クリスティアン・ペツォルト作曲の「メヌエット」をジャズ風にアレンジしたもの。4つのパートに編曲されたこの教材は，各パートの楽器を自由に選択できるようになっている。主旋律，副次的な旋律，響きをつくる和音，響きを支える低音というパートの役割を考え，子どもたちの主体的な聴き合いや子ども錯誤の活動を通して楽器を選択するのに最適である。

4. 第2時／全3時間

(1) めあて
○楽器の重なり合う響きを味わいながら合奏する。

(2) 展開

○学習内容　　・学習活動	●指導上の留意点
○常時活動で，学習の雰囲気をつくる。 ・音楽に合わせて体をほぐす。 ・簡単な発声練習をする。	●リラックスしてのびのび活動できるように声かけをする。 ●伸ばす音を安定させるようにする。
○範奏を聴いて，曲の特徴をつかむ。 ・「ラバーズ・コンチェルト」の楽譜を見ながら聴き，気づいたことを発表し合う。	●楽器の音色，パート編成，音の重なりや響きの違いなどを中心に聴き，演奏への見通しをもつことができるようにする。
○楽器を選択し，パートごとに演奏する。 ・パートの構成や旋律の特徴について，楽譜で確かめ，パートの役割について知る。 ・グループに分かれて楽器の組み合わせを工夫しながら，各パートの音色や響きを聴き合って楽器を決める。 ・各グループの同じパートのメンバー同士で，音程やリズムを確かめ合って演奏する。 ○全体のバランスを工夫して演奏する。 ・グループに戻って，互いの楽器の音色を聴き合いながら，主旋律を中心とした響きになるように，音量のバランスや演奏の仕方を工夫する。 ・グループごとに発表し，気づいたことを話し合う。	●4つのパートの構成や役割，反復や変化など，旋律の特徴を理解し，楽器選びに生かすようにする。 ※タンブリン，トライアングル→8分音符でリズムを刻む。 ※小太鼓→2，4拍目にアクセントを加える。 ※大太鼓→拍の流れをつくって，リズム全体を支える。 ●楽器の組み合わせや音量のバランス，音色の変化など話し合いながら修正する。 ●互いに聴き合ったり，演奏を録音したりして，どのように工夫したらよいか話し合うようにする。

※互いに聴き合ったり，演奏を録音したものを聴いたりすることで，次回の工夫が生まれてくる。録音したものを発表に使用したり，ビデオで撮影したものを使用したりするのもよい。

第 **6** 章

表現（音楽づくり）

　作曲を遊びのなかで捉え，いろいろな方法で楽しみながら創作にあたってほしい。曲を創作するには多くの知識や経験が必要であるが，ここでは"Composition"つまり組み立てることに端を発した音楽づくりを目指す。

　この章に示した方法以外に，コンピューターソフトを使った方法もまた面白い。本章では実践例を示すので，「音楽をすること」の方法を楽しみながら進めてほしい。

キーワード　創作　リズム　メロディー　ハーモニー

第1節　第1学年「ことばあそび」

1. 低学年の「音楽づくり」

　低学年の「音楽づくり」の活動では，音のさまざまな特徴に気づく能力，音を音楽に構成する能力を育てていくことが指導のねらいとなる。特に1年生においては，友達とともに活動したり，体を動かしながら歌ったり音遊びを楽しんだり，その活動を通して音の特徴や音楽の仕組みを生かした「音楽づくり」が自然に展開されることが大切である。

※教材は『小学生の音楽1』（教育芸術社）p. 26-27参照

2. 本時のねらい

　あ♩♩｜♩・‖ や い♫♫｜♩・‖ のリズムに合わせて言葉を選び，拍の流れに乗ってリズムを打ちながら言葉遊びのリレーをすることができる。

〔共通事項〕　Ａ表現（3）イ

3. 展開案

	ねらい	学習活動	教師の指導
つかむ	・簡単なリズムを聴き取り，拍の流れに乗りながらまねしてリズム打ちができる。	1. リズム遊びをする。 教師が示す簡単なリズムをまねして手でリズム打ちをする。	・教師が示す簡単なリズムフレーズを対話形式で拍の流れを止めないようにしてまねして打つ。
	・範奏を聴き，言葉遊びリレーを自分もやってみたいという興味・関心をもつことができる。	2. あ と い のリズムを使った言葉遊びリレーの範奏を聴く。 リズムに合うことばをえらんだり，みつけたりして，ことばあそびのリレーをしよう。	・3文字と5文字の言葉がリズムに合うことに気づかせる。
やってみる	・あ と い のリズムに合う言葉を選んだり，見つけたりしてリズム打ちをしながら唱えることができる。	3. あ と い のリズムに合う言葉を選んだり，見つけたりしてリズム打ちをしながら唱える。 4. ペアで あ と い に分かれ，あ→い→あ→い……の順にそれぞれが選んだ言葉でリレーする。 ・あ と い を交替したり，グループにしたりといろいろなリレーにして楽しむ。	・教科書や言葉カードを用意して，見つけるのが難しい場合は選ばせる。 ・拍の流れに乗りながら続ける姿を価値づけ，続ける楽しさを味わわせるようにする。
味わう	・拍の流れに乗りながら，言葉遊びリレーをみんなで楽しむことができる。	5. 学級全員で言葉遊びリレーに挑戦する。	評価：拍の流れに乗り，あ や い のリズムに合わせて言葉を選び，リズム打ちをしながらリレーをすることができたか。

4. 指導上の留意点

(1)「つかむ過程」において

　①この過程は，子どもたちが本時の授業でどんなことを学習するのかという見通しをもてるようにしていきたい。本時，あ♩♩｜♩・‖やい♪♪♩｜♩・‖のリズムを言葉を唱えながらリズム打ちをする活動が中心となるために，子どもたちが自信をもってリズム打ちができるように「リズム遊び」を行う。教師が示した簡単なリズムフレーズを対話形式でまねしながら手でリズム打ちを行う。短い1小節から2小節へとフレーズを長くしたり，一人対教師，グループ対教師，全員対教師などとバリエーションを変えて行う。この際に大切にしたいのは，拍の流れを止めないように，ゲーム感覚で楽しみながら行いたい。

　②あ♩♩｜♩・‖と，いの♪♪♩｜♩・‖のリズムが3文字と5文字の言葉に合う心地よさを味わえるように教師が範奏を提示できるようにしていく。また，いろいろな言葉がリズムによってつながる楽しさや即興的に言葉を見つけて唱えたりみんなでつなげてリレーしたりする楽しさに期待感をもたせていきたい。

(2)「やってみる過程」において

　①この過程で大切にしたいことは，拍の流れに乗り，リズムと言葉がぴったり合う心地よさや面白さをどの子にも十分に味わわせていくことである。自分の知っている言葉がリズムに合わせて唱えることによって，音楽としての動きが生まれ，あといのリズムに合わせて，いろいろな言葉を見つけ出せるようにしていく。なかなか見つけられない児童には言葉カードなどを用意し，どの子も言葉見つけができるようにする。

　②リズムに合う言葉が見つけられたら，つなげる楽しさを味わわせていく。まずペアであといを交互に繰り返したり，あといを交替して繰り返したりしながらつなげて，一つの音楽にしていくことを大切にしたい。机間指導では拍の流れを大切にして止まらないように続けることやペアから4～6人のグループでもつなげられるようにすることを実態に応じて指導していく。

（3）「味わう過程」において

①この過程では，子どもたち一人ひとりがリズムに合わせて見つけた言葉をつなげ，リレーすることでみんなで音楽を創りだす喜びや充実感を味わわせていくことを大切にする。拍の流れを大切にするために，全員が止まらないようにつなげるという目標をもたせたり，教師がカスタネットなどで拍打ちをして拍の流れをしっかりと示したりする。

第2節　第3学年「まほうの音楽」

1. 中学年の「音楽づくり」

中学年の「音楽づくり」の活動では，音楽づくりのための発想をもち即興的に表現する能力，音を音楽に構成する能力を育てることが指導のねらいとなる。そこで子どもたちが音にこだわり，音の出し方や組み合わせを工夫したり，音楽の仕組みに着目し，それを手掛かりに音を音楽へと構成したりする活動に意欲的に取り組む姿を目指していきたい。

※教材は『小学生の音楽3』（教育芸術社）p. 56-57参照

2. 本時のねらい

素材の違ういろいろな楽器や身の回りのものの音を調べ，その特徴に気づき，それを生かして「魔法の音楽」をつくることができる。

〔共通事項〕　A表現（3）イ

3. 展開案

	ねらい	学習活動	教師の指導
つかむ	・魔法使いのイメージをつかむことができる。	1. 既習曲を歌う「例：おかしのすきなまほう使い」を歌う。	・リズミカルな感じと歌詞の面白さを生かして歌う。

つ か む	・いろいろな響きや音色の音に興味をもち，魔法をかける音づくりに意欲をもつ。	2. 教師が考えた「魔法をかける音」を聴いて課題をつかむ。 いろいろな楽器の音を調べて，まほうをかける音をつくろう。	・「魔法をかける音」材質の違う楽器を数種類用意し，数種類の音を提示することで，多様な音に興味をもたせる。
や っ て み る	・材質の違いから，響きの長さや音色，音の高低に違いがあることを知ることができる。	3. トライアングルとギロの音を聴き比べる。 ・木質と金属質の違い ・響きの長さ ・音の高さ　　など	・ワークシートを用意し，楽器の素材，響きの長さ，音の高さ，音色の違いがわかるようにまとめさせる。
	・イメージをもって，魔法をかける音をつくることができる。	4. 音楽室にある楽器や身の回りのものの音を調べる。 ・材質と響きの長さや音色の違いに着目する。	・音色からくるイメージを交流し，魔法をかける音の音づくりにつなげる。
		5. 調べたことを生かして，魔法をかける音をつくる。 ・楽器や言葉や図形で表す。 ・組み合わせや強弱，演奏の仕方を工夫する。	・意図をもって楽器を選んだり，音を組み合わせたりしながらつくる姿勢を価値づける。
味 わ う	・仲間のつくった音のよさを味わい，歌に合わせて演奏しようと期待感をもつことができる。	6. つくった音の発表会を行い，交流する。 ・自分の魔法をかけるイメージとつくった音の意図を発表し，交流する。	評価：材質の違いからくる音の特徴に気づき，それを生かして魔法をかける音をつくることができたか。

4. 指導上の留意点

(1)「つかむ過程」において

①ここでは本時の学習に興味・関心をもち，期待感が膨らむようにしていきたい。リズミカルで歌詞が面白い，既習曲の「おかしのすきなまほう使い」を歌うことで，魔法をかけることの楽しさや面白さを十分に味わい，魔法をかけるイメージが膨らむように歌うことが大切となる。

　②「おかしのすきなまほう使い」を歌うことを通して，子どもたちに魔法をかけるときの様子やイメージを膨らませるようにする。子どもたちが映画やテレビを見たときのことや読書などの経験から，「魔法をかける」と不思議なことが起こることをイメージさせ，そのときの音をつくることをつかませていく。教師が考えた数種類の音を聴き，音をつくる期待感をもたせていく。その際には，選ぶ楽器の材質（木質・金属質・プラスチック類）など子どもたちにとってわかりやすいものを選ぶことが大切である。

(2)「やってみる過程」において

　①この過程では，自分がイメージした魔法をかける音を実際にいろいろな音を出しながら見つけ出していくことを大切にしたい。まず，ギロとトライアングルの音調べを行う。木質と金属質という楽器の素材に着目し，音の響きの長さや音の高さ，音色の違いを，ワークシートを使ってまとめるようにしていく。そして，音楽室のある楽器や身の回りにあるものの音に広げ，その素材から音の特徴を捉え，それぞれの音に対するイメージを自分なりにもつことを大切にさせていく。

　②いろいろ調べた音の特徴を生かし，自分なりの「まほうをかける音」をつくりだすようにしていきたい。「まほうをかけるとパッと周りが輝くみたいだから，大きく鈴を振って音を鳴らし，最後はシャンシャンと止めるよ」と具体的なイメージとつくる音をつなぐことも大切としたい。そのために，つくった音を言葉や図形，使った楽器をワークシートなどに記入し，言語表現でも表せるようにしていくことがポイントとなる。

(3)「味わう過程」において

　①この過程では，仲間がつくった音を聴くことによって，音色の多様さやいろいろなイメージがあることの面白さを味わわせていきたい。一人ひとりがつくった音を発表するときには，その音のイメージや意図を話させて，それとつくった音を実際に聴き，感想を交流することによってさらに音色へのイメージが広がると考える。また，「おかしのすきなまほう使い」の歌につくった音やナレーションを入れて演奏し，音楽劇のように完成させようと期待感をもたせ，次への学習とつないでいくことも考えられる。

第3節　第6学年「じゅんかんコードから音楽をつくろう」

1. 高学年の「音楽づくり」

　高学年の「音楽づくり」の活動では，音楽づくりのための発想をもち即興的に表現する能力，音を音楽に構成する能力を育てることが指導のねらいとなる。6年生ではこれまでの音楽経験を生かし，総合的に音楽表現を捉え，いろいろな音楽表現や形態，種類の音楽づくりをさらに進められるようにする。これまでの「リズム」「旋律」を中心とした学習をもとに，音楽づくりにおいても「和音」に着目した活動を仕組んだり，共通事項で示されている音楽の仕組みを生かす活動を充実させていくことが大切である。

※教材は『小学音楽　音楽のおくりもの6』（教育出版）p. 34-35参照

2. 本時のねらい

　循環コードでつくった伴奏に合わせて，4小節の旋律をつくり，伴奏と合わせて演奏することができる。　　　　　　　　〔共通事項〕　A表現（3）イ

3. 展開案

	ねらい	学習活動	教師の指導
つ か む	・循環コードの和音の構成音を確かめながら，つくった伴奏を演奏することができる。	1. 自分たちがつくった循環コードの伴奏を練習する。	・鍵盤ハーモニカやキーボードを使って練習させる。
	・旋律が入ることで音楽が豊かになることを感じ取り，旋律をつくり曲を完成させることに興味をもつことができる。	2. 循環コードでつくった伴奏に旋律が入った範奏を聴き，課題をもつ。　　つくった伴奏に旋律をつくって，自分の曲を完成させよう。	・旋律が入ることで曲想が豊かになることや和音と旋律の関係に気づかせるようにする。（例：パッヘルベルのカノン等）

や っ て み る	・旋律のつくり方を知ることができる。	3. 旋律のつくり方を知る。 ・ハ長調の音階をもとにする。 ・循環コードの和音の構成音を中心に音を選ぶ。	・教科書を参考にしたり，手順がわかりやすいようにワークシートを用意する。
	・伴奏に合わせて旋律をつくり，演奏することができる。	4. リコーダーで伴奏に合わせて旋律をつくる。 ・あらかじめ伴奏が録音してあるコーナーや自動演奏で伴奏が流れているコーナーで確かめながらつくる。 ・つくりながら題名を考える。	・和音の構成音を使うことやつくるリズムの例を示すことなど必要に応じて個別に指導する。
		5. グループで伴奏をし合い，できた旋律と合わせて演奏する。 ・お互いにできた旋律を聴き合い，アドバイスし合う。	・つくった伴奏とつくった旋律を合わせて，確かめる時間をしっかりと取る。
味 わ う	・各グループの演奏を聴き，組み合わせや強弱を工夫すると曲全体の感じが変わる面白さを味わうことができる。	6. できた旋律を演奏し，鑑賞会をする。	評価：つくった伴奏に合わせて，4小節の旋律をつくることができたかどうか。

※前時に循環コードの仕組みを知り，それを使って4小節の伴奏をつくる学習を進める。
※次時に，できた旋律を演奏し合い，アドバイスをもらいながら修正し，終わりの部分をつくる。また，グループでつなげて演奏し，一つの曲のようなまとまった曲に仕上げる学習を進める。

4. 指導上の留意点

(1)「つかむ過程」において

　①ここでは，循環コードでつくった伴奏に旋律が合わさると音楽が広がり，一つの曲が生まれることの驚きを感じ，自分もつくってみたいと意欲をもたせていきたい。まず，前時につくった伴奏をしっかりと練習することを大切にしたい。その際に和音の構成音に気づかせ，旋律をつくるときに生かすことができるようにすることが大切である。

②つくった伴奏に旋律が重なった範奏を聴く。一緒に楽譜も提示しながら聴かせることで，旋律の音は和音の構成音をほとんど使っていることやリズムのまとまりをつくるとよいこと，演奏のしやすさを考えることにも気づかせていき自分の旋律をつくるときのポイントとさせていく。

(2)「やってみる過程」において

①リコーダーを使って，自分なりの思いをもってじっくりつくる時間と伴奏と合わせて確かめる時間をしっかり取り，伴奏に合った旋律ができあがる面白さを味わわせていくことが大切である。実態に応じて，和音の構成音を使うことやリズムにまとまりをもたせること，必要に応じてつくるリズムの例を示すなどの指導を進め，どの子も自分なりの旋律ができるようにしていくことが大切である。

また，自動伴奏を利用して循環コードの伴奏が流れているコーナーやCDなどに伴奏が録音してあり自由に流すことができるように準備することで，つくった旋律を確かめながらつくり上げることができるようにしていく。また，つくる過程において題名を考えさせ，自分なりの思いや意図をもたせていくことも大切にする。

②つくる時間の後は，グループ内でお互いに伴奏の演奏をし合って，つくった旋律が伴奏と合うかを確かめる。伴奏は鍵盤ハーモニカやキーボードを実態に合わせて使うようにする。演奏をし合い，確かめ合いながらお互いにアドバイスできるようにすることも大切にしたい。

(3)「味わう過程」において

①自分なりにつくった旋律を伴奏と合わせ，一つの曲として演奏する喜びを味わいたい。グループで鑑賞会をし，これまでの成果を確かめ，さらに終わりの部分をつくって曲として仕上げていきたいという意欲をもたせていくことが大切である。

②次時には，さらにグループでアドバイスをし合いながら修正し，終わりの部分をつくって曲として完成させる。また，グループでつくった旋律をつなげ，一つの曲のようにまとまりをもたせる。そうすることで，循環コードの面白さ

を味わうことができると考える。

課題

1. 教材「ことばあそび」の指導を通して音を音楽に構成する能力を育てる点から大切にしたいことは何か。
2. 教材「音づくり」の指導を通して，音楽づくりのための発想をもち即興的に表現する能力を育てる点から特に大切にしたいことは何か。
3. 教材「音づくり」において，楽器や身の回りの音の特徴を捉えるための視点は何か。
4. 教材「じゅんかんコードから音楽をつくろう」の指導を通して，総合的に音楽表現を捉え，まとまりのある音楽をつくるようにするポイントは何か。

より深く学習するための参考文献

梅沢一彦編著『教科力シリーズ　小学校音楽』玉川大学出版部，2015年
文部科学省「小学校学習指導要領（平成29年告示）解説　音楽編」2017年
『小学生のおんがく1　指導書研究編・実践編』教育芸術社，2019年
『小学生の音楽3　指導書研究編・実践編』教育芸術社，2019年

Ⅱ　さまざまな音楽に親しむ

第 **7** 章

鑑賞

　先人たちが残した音楽やさまざまな文化圏の音楽を伝えたい。実際には映像資料・録音資料を用いて鑑賞の授業を行うことになるが，理想は生演奏を聴くことであると覚えておきたい。児童には「音」に関心をもち，「音楽」を聴く習慣を身につけさせたい。鑑賞の楽しみを知ることは児童のこれからの人生において大きな財産になる。そのためにも指導者は楽しく鑑賞する工夫をしたい。ただ鑑賞して感想を書かせるのではなく，旋律の一部を演奏する，楽器を聴き比べる，曲の背景を調べる，など児童が自ら動く活動を取り入れたい。指導者の音楽に対する主観的な感想を児童に押しつけないよう留意したい。

キーワード　【低学年・中学年】身体表現　手がかり　比較　いろいろな楽器
　　　　　　【高学年】世界の音楽　音楽と社会の結びつき　楽器と旋律　交響曲

第1節　低学年・中学年《鑑賞》

　「耳で音楽を聴く」という力を養いたい。低学年のうちは，ただ「聴く」のは難しいので，絵や身体表現を活用する。中学年ではさらに発展させ，視覚を省いた聴覚のみで「音」を捉えたい。手がかりを与えたり，複数の音や曲，楽器などを比較して鑑賞させると，聴覚だけでも多くの情報を得られるようになる。また，鑑賞の授業では，身近な楽器だけでなく，多くの楽器の音に触れ，いろいろな楽器があることを知り音楽の世界を広げたい。そのためには指導者が楽器や曲についてよく理解していることが前提である。鑑賞の授業は授業準備でほぼ決まる，と心得たい。

1．第1学年「ジェンカのリズムを感じよう」

〈指導案〉

(1) 目標

○ジェンカのリズム（たんうん／たんうん／たんたん／たんうん）を打とう。
○休符にも拍を感じよう。

(2) 本時（1／1時）

	学習活動	指導上の留意点（・）と評価（◆）
導入	(1) 手遊び 「げんこつやまのたぬきさん」 (2) 準備運動 「さんぽ」に合わせて行進する。	・手遊びも拍を感じられるよう，一定のテンポで行うよう留意する。 ・拍に合わせて指導者が手拍子をしたり，児童に拍に合わせて手を振らせるなど，拍に注意がいくよう指導する。 ◆テンポを感じ取っているか。〈①〉
展開	(1)「しろくまのジェンカ」を鑑賞する。鑑賞後に感じたことを発表する。 (2) ジェンカのリズムを打つ。「しろくまのジェンカ」に合わせて手拍子をする。 (3) ジェンカを踊る。	・教科書の絵などを参考に，具体的な感想を児童が言えるようなヒントを出す。 ◆積極的に自分の意見を発表することができているか。〈②・③〉 ・ジェンカのリズムを板書する。 ・手拍子だけでなく，「たんうん」と口でもリズムを刻ませる。 ・休符も拍に乗れるよう留意する。 ◆ジェンカのリズムを正しく打てたか。〈②〉 ・指導者は「しろくまのジェンカ」を歌いながら，ジェンカを踊って見せる。拍の流れから出ないこと，飛びすぎないことなどやりながら伝える。 ・一人ひとりジェンカを踊る。 ◆ジェンカのリズムに乗ってステップが踏めているか。〈②〉 ・児童の大半ができるようになったら，「しろくまのジェンカ」に合わせてジェンカを踊る。
まとめ	「しろくまのジェンカ」の曲に合わせてジェンカを踊る。	・クラスで輪になり，ジェンカを踊る。指導者も輪に入り，歌唱しながら踊る。 ・児童の理解レベルに合わせて，危険を伴うようであれば，数名の縦列にする。 ◆ジェンカのリズムを感じ取り，楽しく音楽を聴くことができているか。〈③〉

（3）評価計画

①知識・技能

　・拍を感じることができる。

　・ジェンカのリズムを正しく手拍子で打てるか。

　・「ジェンカ」を知ることができたか。

②思考・判断・表現

　・ジェンカのリズムに乗って手拍子ができているか。

　・ジェンカのリズムに乗ってステップが踏めているか。

　・曲からイメージを膨らませることはできたか。

③主体的に学習に取り組む態度

　・ジェンカのリズムを感じ取り，曲を鑑賞できているか。

　・ジェンカのリズムに乗って積極的に体を動かそうとしているか。

〈実践編〉

導入

（1）手遊び

　手遊びは，音楽の授業に入ることを児童に意識させるために重要な意味をもつ。今回はリズムを意識したい鑑賞の授業なので，テンポよくできる手遊びを選択した。

げんこつやまのたぬきさん

わらべうた

①げんこつやまの たぬきさん

握りこぶしをつくり，左右交互に重ねる。

②おっぱいのんで

口元でおっぱいを飲むしぐさをする。

③ねんねして

左右の手を合わせ，左ほおと，右ほおに
順番に当てる。

④だっこして

赤ちゃんを抱っこするしぐさをする。

※表現の教材でも使われている（第5章）。この時に曲を工夫して実践にあたると良い。

⑤おんぶして

おんぶするしぐさをする。

⑥またあし た

かいぐりをし，「た」でジャンケンをする。

『手あそび百科～「いつ」「どのように」使えるかがわかる!!』（植田光子編著　ひかりのくに）より

（2）テンポを体で感じる。「さんぽ」に合わせて歩く

　児童を輪にして，指導者も輪に入り「さんぽ」を歌いながら回る。このとき，歌を知っている児童には一緒に歌うよう促す。鑑賞授業の導入なので，歌詞入りのCD演奏を活用し，体を動かしながらも「音楽」に耳を傾けるように促す。もちろん指導者が弾き語りをしてもよい。

　テンポを意識させるために，指導者は手拍子をしたり，児童の歩くテンポが曲とずれないよう留意する。児童にテンポに合わせて，手を振らせたりするのもよい。

さんぽ

中川李枝子 作詞
久石　譲 作曲

編曲：松本康子

『誰でも弾けるピアノ伴奏〜実習生・保育者・教員おたすけ楽譜集』（梅沢一彦編 ケイ・エム・ピー）

展開
(1)「しろくまのジェンカ」を鑑賞する

　教科書の絵を見て,「しろくまのジェンカ」を鑑賞する。

　鑑賞後, 児童に曲について感じたことを発表させる。このとき「どうだったか」という抽象的な問いではなく,「元気な曲だったか, 静かな曲だったか」とか,「しろくまが何をしているところか」「曲を聴いて何をしたくなったか」など, 具体的な問いかけをしたい。ただし答えがYes, Noになる質問は避けたい。児童は正解を求めてしまい, 本来の音楽鑑賞の目的からずれてしまうので注意が必要である。

(2) ジェンカのリズムを打つ
譜例1

　「こんなリズムが出てきた」とジェンカのリズム（譜例1）を指導者が打つ。1回打ってから板書をして,「たんうん」を児童と一緒に言ってみる。「うん」の休みをしっかりと意識させながら手拍子を一緒にする。「しろくまのジェンカ」を聴きながら手拍子をする。2〜3回慣れるまで行う。

(3) ジェンカを踊る

　「ジェンカの踊り」①〜⑤を拍に合わせて繰り返す。
①右足を斜め前に出して戻す, 2回。
②左足を斜め前に出して戻す, 2回。
③前方へ両足をそろえて跳ぶ, 1回。
④後方へ両足をそろえて跳ぶ, 1回。
⑤前方へ両足をそろえて跳ぶ, 3回。

　指導者は「しろくまのジェンカ」を歌唱しながらジェンカを踊る。以下の手順で児童がジェンカを踊れるようにする。
a.「たんうん」を言いながらジェンカのステップを練習する。
b.　指導者が「しろくまのジェンカ」を歌唱し, 児童はそれに合わせてステップを踏む。

しろくまのジェンカ

平井多美子 日本語詞
ケン・ウォール 作曲

平成23年『小学生のおんがく1 指導書伴奏編』（教育芸術社）

c.「しろくまのジェンカ」のCDに合わせてステップを踏む。

　ここまでは児童一人ひとりで行う。お手本になる児童に前でやってもらうなど，クラス全体で取り組みたい。

まとめ
「しろくまのジェンカ」に合わせてジェンカを踊る

　クラスによって雰囲気が違う。クラスに合ったまとめを行いたい。まとまりのあるクラスは，大人がやるように輪になって前の人の肩に手を置き，踊る。元気がよく羽目を外す心配のあるクラスは数名の縦列で教室を前後するくらい，など，指導者はそのクラスの特性をよく見て，どのクラスでも楽しくジェンカのリズムを習得できるよう留意したい。音楽室はものも多く，児童が思いっきり体を動かすのに適した場所ではない。怪我などの事故が起きないよう，前もって万全の準備をしたい。椅子机を片づけるなどはもちろんだが，可能であれば教室を変更するなど児童がのびのびと音楽に向き合える空間をつくるのも指導するうえで大切なことである。

2. 第3学年「金管楽器を知ろう」

〈指導案〉
(1) 目標
○金管楽器の音色を知ろう。
○オーケストラの響きを味わおう。

(2) 本時（1／1時）

	学習活動	指導上の留意点（・）と評価（◆）
導入	(1) 準備運動 ストレッチ (2) 既習曲を歌唱する。	・音楽の授業への導入として行うので，軽く体を伸ばす程度でよい。 ・導入として歌唱するので，細かな音程などの注意はせず，伸びやかに歌唱できるよう留意する。
展開	(1)「トランペットふきの休日」を鑑賞する。	・どのような楽器が使われているか，どんな題名なのかを伏せて鑑賞させる。 ・ワークシートを配布する。 ◆金管楽器の音色に関心をもって鑑賞しているか。〈③〉

展開	（2） 使用されていた楽器，自分が考えた題名を発表する。	・児童が考えた題名を板書し，曲のイメージをクラスで共有する。 ・自分の気に入った題名を記入する。 ・題名を明かし，どんな休日かクラスで考える。 ◆積極的に自分の意見を発表しているか。〈①・②〉
	（3） トランペットについて知る。再び「トランペットふきの休日」を鑑賞し，音の特徴などをワークシートに記入する。	・トランペットの説明をする。 ◆曲からイメージを膨らませているか。〈②〉
	（4）「トランペットふきの休日」を楽器の掛け合いに気をつけながら鑑賞する。	・繰り返される旋律をピアノで範奏する。 ・視覚的に音型を捉えさせ，楽器の掛け合いの変化を気づかせる。 ◆楽器の掛け合いに気づき鑑賞できているか。〈②〉
	（5）「ホルン協奏曲第1番第1楽章」を鑑賞し，音の特徴などをワークシートに記入する。ホルンの音色について感じたことを発表する。	・トランペットとの音色の違いに注意して鑑賞するよう促す。
	（6） ホルンについて知る。	・ホルンの説明をする。他にトロンボーンやチューバなど金管楽器の仲間があることも伝える。 ◆金管楽器についての知識を吸収しようとしているか。〈①〉
まとめ	（1） ワークシートをまとめる。 （2） 意見交換する。 （3） どちらかを鑑賞する。	・トランペットとホルンの音の違いを自分の言葉で表現できるよう声かけをする。 ・自分の好きなほうを選ばせ，その魅力を具体的に発表させる。両方の意見が発表できるよう留意する。 ◆楽器の音色の違いを感じ取り，積極的に発表することができたか，また言葉にして表現することができたか。〈②・③〉

（3）評価計画

①知識・技能
　・金管楽器について知る。
　・トランペットとホルンの音色の違いを聴き分ける。

②思考・判断・表現
　・曲からイメージを膨らませることはできたか。
　・楽器の掛け合いに気付くことができたか。

・旋律の高低を聴き取ることができたか。

・自分の感じたことを自分の言葉で表現できたか。

③主体的に学習に取り組む態度

・楽器の音色の違いに関心をもち，積極的に曲を鑑賞しているか。

〈実践編〉

導入

(1) ストレッチ

音楽の授業に入ると児童に意識させるためのストレッチである。いつも授業で行っているもので体をほぐす程度のものでよい（第2章第2節p.22参照）。

(2) 既習曲で歌唱

歌唱は続けることが重要な実技である。鑑賞の授業のときでも，音楽の授業では必ず1曲歌唱することを勧める。そのためにも学年のテーマ曲や季節の歌など用意しておくとよい。行事の歌，校歌などでもよい。

展開

(1) トランペット

①「トランペットふきの休日」を鑑賞する

「何の楽器で演奏されているか」「この曲に題名をつけなさい」と課題だけ提示し，曲の情報は与えず鑑賞する。

②児童が考えた楽器，題名を発表する

楽器は正解があるので，トランペットの答えが出た時点で終わってよいが，題名は児童が曲にもったイメージなので，大切になるべく多く発表させたい。

「トランペットふきの休日」という題名を発表し，児童たちがつけた題名を参考に，どんな休日なのかを考える。また，自分が気に入った題名も記入させる。

③トランペットの説明をする

ここで教科書を開かせ，トランペットを目で見る。実物がある場合は実物を見せる。「吹く楽器」「金管楽器」「華やかな音色をもつ」楽器であることを説明する。ここで金管楽器の仲間を紹介してもよいし，木管楽器などの説明もで

きると児童の楽器に対する興味を膨らませることができる。

④楽器の掛け合いについて説明する

　譜例1をピアノで演奏する。ピアノを聴きながら，音型を線や丸，形でワークシートに記入するよう指示する。2〜3回行って音型の線を児童が記入できたら，音型を板書する。

譜例1

　題名，音型をイメージしながら，またこの音型がいろいろな楽器で掛け合っていることにも注意して「トランペットふきの休日」を鑑賞する。

（2）ホルン
①同じ金管楽器の仲間の「ホルン」の曲を鑑賞する

　ここではモーツァルト作曲「ホルン協奏曲第1番第1楽章」（冒頭約3分間）を使用する。トランペットとの音色の違い，ホルンの音色の特徴などをワークシートに記入する。ホルンの音色について感じたことを発表する。

②ホルンについて説明する

　教科書などを利用して目で楽器を確認する。「金管楽器」「もとは角笛」「柔らかな音色をもつ」楽器であることを説明する。その他の金管楽器も紹介する。

まとめ
（1）ワークシートをまとめる
　トランペットとホルン，どちらのほうが好きか選びその理由も記入する。こ

の活動の目的は楽器の人気投票ではなく，児童が楽器の音色に向き合うための作業である。指導者はその点を留意したい。

（2）意見を発表する

事前に机間巡視をし，トランペット派，ホルン派をチェックしておくと発表のときにどちらかの意見の発表に偏らずにすむ。

（3）最後に鑑賞する

クラスの状況によるが，どちらの曲を最後に鑑賞するか児童に選ばせる。もし，それが難しい状況であれば「トランペットふきの休日」を鑑賞する。

このように「音色」や「音型」に注目する鑑賞授業を行う場合，録音資料を使用したい。視覚からの情報は強く，聴覚が鈍るために映像資料は望ましくない。録音資料だけの鑑賞は難しいが，ワークシートなどを活用し聴覚だけで情報を集める能力も育てたい。

```
ワークシート例

                  金管楽器を知ろう

自分が考えた題名 _____

気に入った題名 _____

        題名 _____

    楽器 _____

音の形を線で書いてみよう。
```

音色のとくちょう

どっちの楽器の音が好きか理由もいっしょに書いてみよう。

補足　用語解説

金管楽器

　奏者の唇の振動を発音源とする管楽器の総称。〈リップ・リード楽器〉とも。トランペット，ホルン，トロンボーン，チューバなどを含む。

トランペット

　金管楽器の中では一番高い音域をもち，明るく鋭角的な音色がする。そのため英雄的な音楽には欠かせない楽器である。昔は唇だけで音程を調節していたが，現在の楽器は3本のピストンにより音程が変えられるようになっている。

ホルン

　もともと牛や羊などの角を加工した角笛から発展したものである。馬に乗った狩人が肩に掛けて使っていたので，形は丸く，また後方へ合図ができるようにベルは後ろを向いていた。現在の楽器の全長は，まっすぐに伸ばすと5メートルにもなる。そのため音域が広く，ふつうオーケストラの中では，高い音を主に受けもつ人と，低い音を受けもつ人と役割を分担している。音色は非常に

柔らかく，他の金管楽器のもつ鋭角的な音色とはずいぶん違う。

トランペットふきの休日

　アメリカの作曲家ルロイ・アンダーソン（Leroy Anderson, 1908-75）の作品。トランペット吹きの若者が休日に，楽しくトランペットを吹いている様子が描かれている。明るく元気のいい曲で，運動会などで使用させることもある。

モーツァルト作曲「ホルン協奏曲」第1番　二長調　K412／514　第1楽章

　オーストリアの作曲家モーツァルト（Wolfgang Amadeus Mozart, 1756-91）の作品。ホルンとオーケストラの協奏曲。モーツァルトの親しい友人であったロイド・ゲープのために書かれた。単純なソナタ形式で書かれ，牧歌的で素朴な第1主題をホルンが奏でる。

第2節　高学年《鑑賞》

　楽器の音色と旋律の関係やダイナミクスの変化によって生じる効果などを味わえるようにしたい。また，音楽の社会的な背景を知り，音楽と社会の結びつきについても考えたい。作曲家が生きていた時代や国のこと，また作曲家の人生を知るのも大切な学習になる。日本の音楽だけでなく世界の音楽，さまざまな時代の音楽を鑑賞することにより，音楽を通して世界をどんどん広げていきたい。どの時代，どこの国にも「音楽」が存在することを伝え，「音楽」のもつ可能性を児童と一緒に考えたい。

1．第6学年「作曲家の思いを想像して音楽を味わおう」

〈指導案〉

（1）目標

○曲の背景を知ろう。

○オーケストラの響きを味わおう。

（2）本時（1／1時）

	学習活動	指導上の留意点（・）と評価（◆）
導入	準備運動 ストレッチ	・音楽の授業が始まる合図として行う。軽く体を伸ばす程度でよい。

		・鑑賞に対する集中力を高めるために行う。
展開	(1)「新世界より」第4楽章を鑑賞する。	・鑑賞する前に簡単に交響曲の説明をする。 ・ワークシートを配布。 ・第1，第2主題を提示し，気づいたことを記入するよう手がかりを与える。 ◆曲に関心をもち，曲を特徴づけている旋律，強弱，音色などに気をつけて意欲的に鑑賞しようとしているか。〈③〉
	(2)「新世界より」第4楽章の感想を発表する。	・使用されている楽器，旋律に対する感想，曲想に対する感想，分けて板書する。 ◆自分の意見を積極的に発表できているか。他者の意見に関心をもっているか。〈②〉
	(3) ドボルザークについて知る。	・曲が作曲された背景を説明する。 ◆時代背景に関心をもち，知識を吸収しようとしているか。〈①〉
	(4)「家路」を歌唱する。	・「新世界より」第2楽章の冒頭部分を聴かせる。 ・「家路」の音取りをする。 ・旋律に親しむために歌唱するので，しっかりとした発声で歌唱できるようにする。 ◆積極的に「家路」の音取りに取り組み，歌唱しているか〈①〉
まとめ	「新世界より」第4楽章を鑑賞し，ワークシートを完成させる。	・ワークシートの感想部分を完成させる。 ・より具体的な感想が記入できるよう指導する。 ◆より具体的に自分の意見を書くことができているか。〈②〉

(3) 評価計画

①知識・技能

　・ドボルザーク，作曲された時代について知る。

　・「家路」をしっかりとした発声で歌唱することができる。

②思考・判断・表現

　・使用されている楽器や特徴的な旋律を感じ取ることができる。

　・より具体的に自分の感じたことを書くことができるか。

③主体的に学習に取り組む態度

・交響曲第9番「新世界より」第4楽章に関心をもち，オーケストラの響きを味わって聴くことができる。

〈実践編〉

導入

ストレッチ

音楽の授業に入ると児童に意識させるためのストレッチである。いつもの授業で行っているもので体をほぐす程度のものでよい。挨拶をして，着席をする過程で行う程度（第2章第2節 p.22参照）。

展開

(1) 「新世界より」第4楽章を鑑賞する

鑑賞前に交響曲について簡単に説明し，鑑賞する手がかりを与える。第1主題，第2主題の旋律（譜例1，2）をピアノで演奏し，この旋律がどこに出てきて，どんな楽器で演奏されて，ダイナミクスはどんな感じか聴き取るよう手がかりを与える。

譜例1　第1主題

譜例2　第2主題

(2) 鑑賞後に児童が気づいたことを発表し，指導者は板書する

板書は，旋律や楽器に関することと感想を分けて書くと整理しやすい。また，最後に指導者の個人的な感想を言うことも有意義である。感想に正解はないこと，みんな違っていいことを合わせて伝えたい。

（3）ドボルザークについて説明する

　1890年代のアメリカの写真や映像を用意しておくと，児童はイメージしやすい。端的にかつ児童が時代背景をイメージできるよう解説したい。ドボルザークはどんな思いをこの曲に込めたのか，クラスで話し合う。

（4）「新世界より」第2楽章冒頭を鑑賞し，「家路」を歌唱する

　第2楽章冒頭部分を鑑賞してから，「家路」の音取りをする。

a．4小節ずつ指導者が範唱し，児童がついて歌唱する。

b．はじめから通して全曲歌唱する。

　旋律に親しむための歌唱なので，細かな指導は省くが，しっかりとした発声で歌唱するようにしたい。リコーダー教材として活用することもできる曲なのでリコーダーで行ってもよい。

家 路
交響曲第９番「新世界より」第２楽章から

堀 内 敬 三 作詞
ドボルザーク 作曲
田 中 　 直 編曲

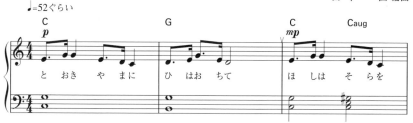

とおき やまに　ひ はおちて　ほしは そらを

ちりば めぬ　きょうの わざを　なしおえて

こころ かるく　やすらえば　かぜは すずし　このゆうべ

いざやたのし　まどいせん　まどいせん

平成23年教科書『音楽のおくりもの６』(教育出版) より　伴奏編曲：久保絋子

まとめ

「新世界より」第4楽章を鑑賞し，ワークシートを完成させる。

「家路」の旋律が出てくるので，どこに出てくるのか探す，という手がかりを与える。また，鑑賞後に感想を記入するとき「どこの旋律が好きだった，嫌だった」「どんな楽器の音がよかった，好きじゃなかった」など具体的に記入できるよう，声かけをしてから鑑賞させたい。

┌─ 作曲家と時代について

最後に学習してから鑑賞した感想

_____

_____

_____

補足　用語解説
交響曲
　オーケストラのための多楽章器楽曲。

ドボルザーク（Antonín Dvořák，1841-1904）
　ボヘミア（現在のチェコ）の作曲家。オルガニスト，ヴィオラ奏者として活動。50歳のときにプラハ音楽院の作曲の教授になり，1892年〜1895年には招かれてアメリカ合衆国に渡り，ニューヨークの音楽院の院長を務めた。帰国後はプラハ音楽院に務め，後に院長になる。古典的な音楽の構造方法を基本的に受け継いでいるが，民族的な印象深い旋律を組み込んでいく特徴がある。

ドボルザーク作曲　交響曲第９番「新世界より」第４楽章
　ドボルザークがアメリカで作曲した交響曲。ドボルザークが着任したニューヨークの音楽院は当時としてはめずらしく人種差別のない音楽院であった。そ

のためドボルザークは黒人やアメリカ・インディアンたちと音楽的な交流をすることができた。交響曲第9番にはこれらの音楽の特徴が取り入れられている。ドボルザーク自身も「もしアメリカを見なかったら，こうした交響曲を書くことはできなかっただろう」と語っている。

　第4楽章はソナタ形式で書かれている。全曲の主な楽想をこの楽章で登場させている。第1主題は，ホルン・トロンボーンが力強く奏でられ，その後さまざまな楽器に引き継がれていく。第2主題はクラリネットで優美に現れる。

2. 第5学年「曲想を味わおう」

(1) 題材の目標
○曲想やその変化を感じ取りながら，思いや意図をもって表現したり想像豊かに聴いたりすることができる。
○旋律の特徴を感じ取って，曲想を生かした表現の仕方を工夫しながら演奏することができる。

(2) 教材について
管弦楽組曲「惑星」から木星　ホルスト　作曲
　イギリスの作曲家グスターヴ　ホルストの作品。全7曲からなる管弦楽組曲「惑星」の第4曲。作曲者は「これらの曲は惑星の占星術的な意義が着想のきっかけになっているが，同じ名の神話の神とは何の関係もない」と語っている。
　オーケストラのいくつもの楽器が重なり合って演奏している原曲を聴くことで，より豊かに情景をイメージしたり，味わったりすることができる。

(3) 第2時／全2時間
①めあて
○曲想の移り変わりを味わいながら聴き，演奏に生かす。
②展開

○学習内容　　・学習活動	●指導上の留意点
○常時活動で，学習の雰囲気をつくる。 ・音楽に合わせて体をほぐす。 ・簡単な発声練習をする。	●リラックスしてのびのび活動できるように声かけをする。 ●強弱の変化に着目させるようにする。

○音楽を聴いて，曲全体の感じをつかむ。 ・「木星」の情景を想像しながら聴き，曲全体の感じをつかむ。 ・気づいたことや感じたことを話し合う。 ・聴き取ったことを確かめながら，曲想に気をつけて聴く。	●宇宙の写真などを用意し，情景を自由に想像しながら聴くようにする。 ●ワークシートに記録し，できるだけたくさん発言できるようにする。 ●旋律，強弱，楽器の音色など変化する要素に注目し，思い浮かんだ情景と音楽を特徴づけている要素とを結びつけて聴くように助言する。
○曲の構成を感じ取りながら聴き，演奏する。 ・中間部「イ」の旋律を歌ったり演奏したりして親しむ。	●ピアノで旋律を演奏し，一緒に歌ったり，リコーダーで演奏したりするようにする。 ●希望者にはシンセサイザーを使わせて一緒に演奏する。 ●曲想が変化する部分を意識して，表現の仕方を工夫するよう助言する。
○曲想の変化やオーケストラの豊かな響きを味わって聴く。 ・想像した情景と今まで聴き取った要素との関わりを確かめながら聴く。	●曲の構成図を見ながら聴き，新たに聴き取ったことを記入できるようにする。

※児童それぞれが想像した情景を大切にするために，宇宙にこだわることなく，自由な発想ができる雰囲気づくりが必要である。「どうしてそう思ったのか」「どんなところから思い浮かんだのか」聞き出し，互いに交流し合いながら進めたい。

課題

1. 次にあげる楽器は下記の楽器群のどれに当てはまるか答えなさい。

   フルート　ピアノ　ティンパニ　ファゴット　トロンボーン　チェロ

   > 楽器群
   > 弦楽器群　金管楽器群　木管楽器群　鍵盤楽器群　打楽器群

2. ルロイ・アンダーソン作曲の「おどる子ねこ」の鑑賞のポイントをあげ，児童にどのような手がかりのもと鑑賞の授業を行うか考えなさい。

3. 鑑賞した曲はどんな楽器で演奏されていたか確認しよう。

4. 「音楽」は常に社会と深い関係をもっている。モーツァルトの時代と現代における音楽の社会的環境の違いを述べなさい。

5. どんな楽器がどんな想像をさせてくれるのだろう。楽器と曲の感じを具体的にあげてまとめてみよう。

より深く学習するための参考文献

植田光子編著『手あそび百科～「いつ」「どのように」使えるかがわかる!!』ひかりのくに，2006年

梅沢一彦編『誰でもすぐ弾けるピアノ伴奏～実習生・保育者・教員おたすけ楽譜集』ケイ・エム・ピー，2015年

音楽之友社編『作曲家別名曲解説ライブラリー⑥　ドヴォルザーク』音楽之友社，1993年

音楽之友社編『作曲家別名曲解説ライブラリー⑬　モーツァルトⅠ』音楽之友社，1993年

鈴木織衛編『オーケストラを読む本』ヤマハミュージックメディア，2000年

ドヴォルジャーク「交響曲第9番「新世界から」ホ短調作品95」全音ポケットスコア　全音楽譜出版社

平成27年（版）『小学音楽　音楽のおくりもの6　教師用指導書研究編』教育出版

平成27年（版）『小学生のおんがく1　指導書伴奏編』教育芸術社

平成27年（版）『小学生の音楽3　指導書研究編』教育芸術社

『ポケット音楽辞典』音楽之友社，1998年

第 **8** 章

特別活動における音楽

　他教科に比べて音楽科の内容は極めて特別活動との関わりが深い。学級活動，入学式や卒業式，運動会や文化行事など，さまざまな場面で歌や器楽合奏などが取り組まれている。音楽にはさまざまな体験や味わいを深めるという特質があり，生活の大切な場面にはいつも音楽があるのである。本章では特別活動において音楽がどのように教育的効果をもたらすのか具体例を示しながらその運用方法について述べていく。

キーワード　情操教育　習慣化　学習者主体の音楽

第1節　特別活動と音楽

　新学習指導要領では第6章「特別活動」において，その目標を「集団や社会の形成者としての見方・考え方を働かせ，様々な集団活動に自主的，実践的に取り組み，互いのよさや可能性を発揮しながら集団や自己の生活上の課題を解決することを通して次のとおり資質・能力を育成することを目指す」とし，3つの項目に分けて明示している。第1に「多様な他者と協働する様々な集団活動の意義や活動を行う上で必要となることについて理解し，行動の仕方を身に付けるようにする」とある。音楽では学習者自身と他者の違いやよさに気づいたり，それぞれの個性を認め合いながら協働することの楽しさや大切さを理解していくことが求められる。第2の「集団や自己の生活，人間関係の課題を見いだし，解決するために話し合い，合意形成を図ったり，意思決定したりすることができるようにする」では，他者との協働の中で集団として問題を解決していく力が求められている。特に音楽表現そのものには，同じ目的に向かって

互いに歩み寄ろうとする「協調」の特性があり，それぞれの個性を生かしながら目標を達成していくことに，音楽の効果が発揮される。また，その力を生活や社会の中で生かすことを第3の目標とし「自主的，実践的な集団活動を通して身に付けたことを生かして，集団や社会における生活及び人間関係をよりよく形成するとともに，自己の生き方についての考えを深め，自己実現を図ろうとする態度を養う」と示されている。これらの資質・能力は，知識を蓄積していく他教科に比べ，必ずしも未知から既知へと発達する構造を持たない。なぜなら繰り返す生活の中で様々な経験に裏付けされた豊かな人間性が基盤となるからである。本章においては諸々の特別活動の中で音楽がどのように機能すべきか，具体的な実践例を示しながら目的に応じた指導方法を述べていく。

1．学級活動

　小学校生活の中で児童がもっとも長い時間ともに生活しているのがクラスメイトである。つまり，児童にとって学級の中で健全な関わりが築けなければ，学校生活そのものが息苦しいものとなってしまう。当然のことながら児童一人ひとりの個性による影響はあるものの，担任の恣意的な工夫で雰囲気を創造していくことも可能である。つまり学級担任によるクラスの雰囲気づくりは，児童一人ひとりの学校生活を大きく左右するということをまずは言っておきたい。
　ここでは，さまざまな方法の中で音楽による学級活動の雰囲気づくりについて具体的な指導例を述べていく。

(1) 始業前
　始業前から1校時が始まるまでの間に行われる学級活動は大変重要な意味をもつ。最近ではモジュールタイムとして朝学習や読書の時間などを設け，円滑に授業へ転換できるように工夫されていることも多い。この時間に職員会議などが行われ，健全な習慣が定着していないとトラブルを招くことも少なくない。
　そこで有効なのが朝会である。歌や挨拶，生活の目標の確認などが習慣化していれば日直や朝会の当番が司会進行を担当し，自主的に進めることができる。その間，担任は児童の健康観察やクラスの雰囲気を見ることができる。

朝会の例
①歌唱「夜が明けた」

②歌唱「朝の歌・季節の歌」
③挨拶
④出席確認
⑤日直からのひと言（今日の目標）
⑥係や委員会からの連絡
⑦先生からのお話（予定の確認など）
⑧歌唱「校歌」

●「夜が明けた」岡本敏明　作詞／フランス民謡

　この曲はFとC7の二つのコードしか使用せず，多少ピアノの経験があれば即座に弾けてしまう簡易な伴奏も特徴の一つである。これならピアノが弾けない音楽委員でも少し練習すれば弾けるようになる。何よりも委員会活動として音楽委員が責任感をもって朝会をリードすることや，その先導にクラスメイトが応対できる信頼感のある雰囲気づくりが大切なのである。

夜が明けた

〈伴奏譜〉

『愛吟集』（玉川大学出版部）

「朝の歌」

●「朝の歌」岡本敏明　作詞・作曲

　明るく元気に歌える歌は健全な学校生活をスタートさせるのにふさわしい。わずか15小節の短い曲ではあるが同声二部合唱で構成され単純な順次進行の中にも相対的な音感を必要とされる「協調」がある。また，冒頭1小節はユニゾンのため，開始音が単音で児童の混乱を防ぎ，安心して伸びやかに歌うことができる。これは伴奏のない場面でも，開始音さえ示せれば容易に歌い出すことができ，屋外での朝会でも大いに活用できる。徐々に上行する音形は朝のはつらつとした児童の情操を育む。

●「輝く朝」岡本敏明　作詞／L.H.メーソン　作曲／岡本敏明　編曲

　簡易な合唱曲として同声三部合唱の曲は一般的に意外と少ない。同声三部合唱となると，仰々しくなり演奏会のステージで歌うような大曲になってしまうことが多いのである。しかしここで紹介する「輝く朝」は非常に簡易ながらもポリフォニックな構造の中に立体的な合唱の魅力を十分に味わうことができる。

　例えば校庭で行う全校での朝会などでは，低学年は主旋律，中学年では二部合唱，高学年では三部合唱というように発達段階に応じて活用方法に工夫ができる。この曲の調性では主旋律の最高音が一点ホでありこれは低学年において，頭声発声にも慣れていない段階で，全力で表現するという観点から適度な音域といえる。中学年においては二部に分ける場合，上部二声を歌わせるのもよいが，まだ多声合唱に慣れていない段階であれば，主旋律に対して，カノンになっているアルトパートが適している。合唱の導入としてこのようなカノンによる歌い始めは，多声部につられないための重要な工夫の一つである。

　もし全校的にこの曲を取り組んでいるならば，全校朝会で扱うのもよい。低学年から高学年までがそれぞれ違う編成であっても違和感なく合唱ができるは

朝の歌

岡本敏明　作詞
作曲

ずである。その中で低学年の児童は高学年の歌声に感化を受けたり，上級生は上級生としての責任感や誇りを感じるような雰囲気が生まれるとよい。いずれにしても，伴奏のない屋外などで，低学年から高学年まで一緒に取り組めるこのような教材は大変教育的効果がある。

　以上の目的で扱える曲を他に2曲紹介する。

●「丘にのぼれば」栗原道夫　作詞／小宮路敏　作曲
●「うるわし夏の野」西崎嘉太郎　作詞・作曲
　この2曲は主旋律がメゾソプラノにある。前半はメゾソプラノの問いかけに，ソプラノ・アルトが応対する掛け合いの構造である。後半で一気に三声がアクセントで合わせられ，重厚感と迫力が表現できる。相対的な音感，つまり他者の声に耳を傾け，それに合わせて歌うという極めてインタラクティブな営みがこうした曲の工夫により実現されるのである。この2曲はアルトパートが前半フレーズを伸ばしている音に，ソプラノ・アルトが溶け込むように応対する。突然に和音感を求められる曲よりも，こうしたカノン形式の曲は相対音感を陶冶するうえで効果を発揮するのである。

「季節の歌」

●「夏はきた」木村健治　作詞／西崎嘉太郎　作曲
　美しい前奏が付与されているので鍵盤楽器がある室内向けではあるが，ア・カペラで演奏しても十分豊かな響きをつくることができる。ユニゾンからの歌い出しによって三拍子特有の一拍目の強拍で一体感を感じる。後半は「やまびこ」の要領で呼応を繰り返す。簡易でありながら夏らしい力強さを感じる二部合唱である。

●「夏の思い出」江間章子　作詞／中田喜直　作曲
　季節の歌は季節の変わり目に歌うとより，その変化を強く感じ，感性の陶冶に効果が高まる。例えばこの「夏の思い出」は林間学校や臨海学校など楽しい思い出とともに歌わせたい。児童にとってさまざまな印象的な経験とセットになって記憶された音楽は，一年経ってもその曲を聴いただけで，当時の思い出を鮮明に想起し，季節を感じたり，一年の大きな流れを感じたりする。繰り返し訪れる四季に対し，児童自身の経験と結びつけながら有機的にその流れを感じることを大切にしてほしい。感性にダイレクトに訴えかける音楽ならではの効果なのである。

●「秋の歌」岡本敏明　作詞／ドイツ民謡／岡本敏明　編曲
　上声部を追いかけて三度でハーモニーをつくるカノン形式の二部合唱である。朝会で歌う歌はとにかく歌いやすいことが重要な条件となる。朝会では音楽を

通して，個から集団にシフトを変える要素が大きく，音楽の機能を感じつつも，他者への意識や，自身の心を整える余裕が必要である。屈託なく深いブレスで秋らしく叙情的にレガートで表現したい。

　終わり8小節目から現れる「ホルンの五度」にも着目したい。連続する三度とはまた違った美しいハーモニーを感じさせたい。ハーモニーの感得は歌っている児童にはよほど意識しない限り意外と困難なのである。しかし，完全四度や完全五度といった音程には力があり，二部合唱においては歌っている児童にとって非常にハーモニーを感じやすい。

●「もみじ」高野辰之　作詞／岡野貞一　作曲／中野義見　編曲
　歌唱共通教材の中でも「ふるさと」などとともに非常に人気のある教材である。低学年であれば主旋律の斉唱でも十分美しいが，やはりこの曲の醍醐味は二部合唱である。輪唱形式からホモリズムへ転換するパターンである。
　上声部と下声部については，「もみじ」に限らないが，できれば単純に男声と女声に分けたくはない。なぜなら，変声前の児童にとってソプラノの高音域を非常に伸びやかに出せる男子もいるし，アルトの低音域を深く出せる女子も多いからである。大切なことは児童一人ひとりが各自にあった音域で，豊かに表現ができる声域に配慮することである。特別活動において一つひとつの活動自体が充実することが大切なのである。

「校歌」
　学校生活の中で「校歌」は扱いによって非常に帰属意識を高める効果がある。さまざまな節目の行事で必ず「校歌」によって会を終始させるような習慣があると，児童の中に「校歌」は特別なものという意識が芽生えてくる。学校生活の象徴的な位置づけをもたせるように指導したい。
　例えば「校歌」を歌うときは，「手は体側にそろえ姿勢を正して歌う」など担任や音楽の教員だけでなく，さまざまな場面で常に全教員が指導を一貫していると，児童は校歌の前奏が流れただけで姿勢を正すような習慣が身につく。こうした習慣の繰り返しにより「校歌」に対し学校生活を象徴するものという意識が育つ。
　しかも校歌は学齢に関係なく全校で取り組むものである。全校児童が一曲でも一斉に歌える教材があることは大変重要なことである。なぜなら，全校児童

が皆で協力し一つのものを創造するという営みは他にはほとんどないからである。こうした場面で誇りをもって取り組めるためにも、学級単位での日々の取り組みにより「校歌」に対する意識を育てることが大切なのである。

(2) お昼の会

　給食前には全員がそろって「いただきます」を言う習慣はあっても、歌を歌ってから昼食を食べるという習慣はあまり一般的ではないかもしれない。しかし、三々五々食事の用意をすませ座席に着く児童が、全員するまで号令がかけられないというのは待っている児童にとっても落ち着かないものである。大体の準備が整ってから当番がお昼の定番曲を伴奏し始めると、速やかに歌いながら座席に着くような習慣をつけたい。健全な生活習慣として音楽による条件反射が無理のない形で定着すると、給食当番や日直、または教師が大きな声を出さなくても昼食の準備ができるようになる。

　朝会の「季節の歌」で列挙したレパートリーでもよいが、条件反射という意味では通年「お昼といえばこの歌」を設定できると習慣化しやすい。「線路は続くよどこまでも」に次のような歌詞をつけて「ごはんの歌」として一部で歌われているものを紹介する。

「ごはんのうた」
● 「線路は続くよどこまでも」（作詞者不詳／アメリカ民謡）のメロディー

ごはんだ　ごはんだ　さぁたべよう
風もさわやか　心もかるく
みんな元気だ　感謝して
おいしいごはんだ　さぁたべよ

線路は続くよどこまでも

作詞者不詳
アメリカ民謡

Moderato ♩=120

I've been workin' on the rail - road. all the live - long day.
1 せ　んろ　はつづく　　よ　　ど　こ　ま　で　も
2 せ　んろ　はうたう　　よ　　い　つ　ま　で　も

I've been workin' on the rail - road just to pass the time a - way.
の　を　こ　え　や　ま　こ　え　た　に　こ　え　て
れ　っ　しゃ　の　ひ　び　き　を　お　い　か　け　て

Don't you hear the whis-tle blow - ing? Rise up so early in the morn!
は　る　か　な　ま　ち　ま　せ　で　ほ　く　ー　た　ー　ち　ー　の
リ　ズ　ム　に　あ　わ　せ　て　ほ　く　ー　た　ー　ち　ー　も

Don't you hear the cap-tain shout - ing "Di - nah, blow your horn?"
た　の　し　い　た　び　の　ゆ　め　つ　な　い　で　る
た　の　し　い　た　び　の　う　た　う　た　お　う　よ

(3) 帰りの会

　帰りの会は主に一日のリフレクションと翌日の連絡や準備について確認をする時間である。委員会や係りから連絡事項の確認なども行う。こうした中で積極的に「話す力」や「主体的に活動する意識」を育てたい。振り返りの中で深刻な話し合いに発展することもあるかもしれない。しかしクラスが解散するときには難しい顔をしたまま解散させたくはない。先生の説教よりも「歌」で締めくくりたい。

　適度なものでないとかえって児童の「主体性」を逆なですることもある。簡易な曲でもいいので充実した声で気持ちよく解散したい。例えば次に示す曲は「さよなら」という非常にシンプルな輪唱である。「かえるのがっしょう」を日本に広めた岡本敏明は「輪唱」によって音楽の生活化をうたっていた。ピアノ

のないホームルームや屋外でもフレーズの拍節をずらすだけで二部にも三部にも合唱できる画期的な教材が輪唱なのである。

さよなら

岡本敏明 作詞
ドイツ民謡

帰りの会の例

①歌唱「季節の歌」

②今日の目標に対する振り返り（日直）

③委員会・係からの連絡

④先生のお話（一日の反省や良かったことなどを振り返る）

⑤明日の予定の確認（提出物など）

⑥歌唱「さよなら」岡本敏明　作詞／ドイツ民謡

　ここでは学級活動における朝会や帰りの会で活用できる「季節の歌」の例を紹介する。一般的な行事などにも関連させ，次のような選曲が考えられる。大切なことは音楽的表現を充実させることも必要だが，何よりも児童一人ひとりが季節の変化や仲間同士との関わりなど，さまざまな事象とともに生きている感覚について音楽を媒体として深く感じ取ることができているかである。行事に対する姿勢や意義，または季節感の味わい，仲間との協調を目的とし，音楽表現はこれらを達成することを主眼としなければならない。

　ここでは特に昨今消えつつある日本の名曲をあげる。老若男女問わず一緒に歌える曲は音楽の時間だけではなく自宅でも親しめるようにたくさん触れてほ

しい。

春の歌
● 「さくらさくら」日本古謡
● 「花」武島羽衣　作詞／瀧廉太郎　作曲
● 「どこかで春が」百田宗治　作詞／草川信　作曲
● 「早春賦」吉丸一昌　作詞／中田章　作曲
● 「花の街」江間章子　作詞／團伊玖磨　作曲
● 「春がきた」高野辰之　作詞／岡野貞一　作曲
● 「春の小川」高野辰之　作詞／岡野貞一　作曲
● 「花のまわりで」江間章子　作曲／大津三郎　作曲
● 「うるわし春よ」丹治汪　作詞／ドイツ民謡
● 「こいのぼり」近藤宮子　作詞／作曲者不詳
● 「背くらべ」海野厚　作詞／中山晋平　作曲
● 「茶つみ」作詞・作曲者不詳

夏の歌
● 「うみ」林柳波　作詞／井上武士　作曲
● 「うみ」文部省唱歌
● 「われは海の子」宮原晃一郎　作詞／作曲者不詳
● 「夏は来ぬ」佐佐木信綱　作詞／小山作之助　作曲
● 「たなばたさま」林柳波　作詞／下総皖一　作曲
● 「浜辺の歌」林古渓　作詞／成田為三　作曲
● 「にじ」新沢としひこ　作詞／中川ひろたか　作曲
● 「夏の日の贈り物」高木あきこ　作詞／加賀清孝　作曲

秋の歌
● 「虫の声」作詞・作曲者不詳
● 「赤とんぼ」三木露風　作詞／山田耕筰　作曲
● 「ちいさい秋みつけた」サトウハチロー　作詞／中田喜直　作曲
● 「村祭」文部省唱歌／南能衛　作曲
● 「里の秋」斎藤信夫　作詞／海沼実　作曲

冬の歌
- ●「たきび」巽聖歌　作詞／渡辺茂　作曲
- ●「冬げしき」作詞・作曲者不詳
- ●「きよしこの夜」由木康　作詞／グルーバー　作曲
- ●「ひいらぎかざろう」松崎功訳詞／W.カロル　作曲
- ●「ジングルベル」小林純一訳詞／J.ピーアポイント　作曲
- ●「白銀は招くよ」藤田敏雄　作詞／F.グローテ作曲
- ●「スキー」時雨音羽　作詞／平井康三郎　作曲
- ●「スキーの歌」林柳波　作詞／橋本国彦　作曲
- ●「お正月」東くめ　作詞／瀧廉太郎　作曲
- ●「一月一日」千家尊福　作詞／上真行　作曲
- ●「雪」文部省唱歌
- ●「雪山賛歌」西堀栄三郎　作詞／P.モントローズ　作曲

2.　学校行事

　学校行事において音楽活動はもはやなくてはならないものである。何年も経った後で卒業式に歌った歌を聴くと，その当時の思い出が鮮明に思い出されたりするほど，音楽によって行事の印象がより色濃く記憶にとどまっている。音楽は感覚に訴えかけ，さまざまな経験とセットで深い記憶に残る。なぜなら，私たちの経験は常に聴覚を含めた五感で感じ取ったものと同時に並列で処理され統合された記憶として脳に刻まれるのである。つまりそれだけ児童にとって，集団への連帯感・帰属意識を高める効果が音楽にはあるのである。

　いずれにしても学校行事は全教員が一丸となって教育目標を明確にもち，児童の意識や姿勢を指導・支援しなくてはならない。つまり教育目標の達成に音楽がより効果的に関わっていることを理解しなくてはならない。重要なことは先述した通り「特別活動」においては音楽の芸術的側面を追求することよりも，音楽を通して教育目標を達成することが目的とされる。つまり教員の中に音楽に対する得手不得手があるかもしれないが，それぞれの教師がもつ特質を生かしつつ，それぞれの立場で教育目標を達成するために関わらなくてはならないのである。

(1)「儀式的行事」入学式・卒業式

　入学式・卒業式は音楽がなくては始まらない。スピーチや祝辞も大切であるが，その効果を高めるためにも感性に直接はたらきかける音楽は必要なのである。別れの場面で，歌を歌うことによって思いが込み上げ，思わず涙を流した経験はないだろうか。音楽は気持ちの抑揚に強くはたらきかける効果がある。つまりこの儀式的行事は児童一人ひとりがどのような場面にどのような立場で関わっているのかを深く自覚させ，その節目が，かけがえのない瞬間であることをしっかりと受け止めさせることが重要である。ここで入学式及び卒業式の式次第についてその流れの一例を示す。

入学式次第例
①開会の辞
②新入生の入場
③「国家斉唱」（会場全員）
④新入生呼称　入学認定
⑤学校長式辞
　担任の紹介
⑥「友達はいいもんだ」岩谷時子　作詞／三木たかし　作曲
⑦誓いの言葉（新入生代表）
⑧「校歌」（会場全員）
⑨閉会の辞
⑩新入生退場

　これはあくまでも一例にすぎず，学校長の式辞の後に来賓の祝辞や祝電の披露，また「歓迎の歌」の代わりに在校生代表による「歓迎の言葉」を設けることも一般的である。

　新入生の入場では録音されたBGMを使用することも多いが，音楽クラブや鼓笛隊などによる明るく元気なマーチで新入生を迎えたい。普段の練習の成果を大きな行事で披露するということは，普段の活動の目的や意義をより高める。また，演奏で迎えられた新入生の心情や仲間たちの演奏によって歓迎する在校生の気持ちが暖かな雰囲気になるような式の開始にしたい。

　ここであげるのは定番の曲なので簡易な器楽合奏用の楽譜も手に入りやすい。

入場曲の例
● 「小さな世界」シャーマン兄弟　作曲
● 「銀河鉄道999」タケカワユキヒデ　作曲
● 「さんぽ」久石譲　作曲

　「担任の紹介」では一般的ではないが職員合唱に替えるという方法もある。男女比に差がある場合は斉唱でも構わないが，大人の歌っている声を聴けるチャンスなので混声合唱を聴かせたい。また，教員同士が和気藹々と歌を歌う姿を目にすることは，新しい環境に飛び込んできた新入生にとっても大きな安心感になるだろう。決して上手でなくても構わない。教員として子どもたちを暖かく迎える雰囲気こそ重要なのである。

　在校生による歓迎の歌としては思いを乗せて歌える叙情的な歌を選びたい。なぜならこの場合，歓迎される新入生だけが主体なのではなく，在校生も上級生としての意識や新しい仲間に対して喜びをもって迎え入れるという心情を育む大切な機会なのである。そのために練習を積み重ね，折を見て上級生になるという意識づけを促したい。

　そのためには明るく元気な歌もよいが，在校生が思いを込めて歌える曲も効果を発揮するのである。「友達になるために」は一点ハ音から最高音が二点ハ音の狭い音域でつくられているため，声域の狭い低学年から上級生まで十分に表現できる教材である。単純な音形とわかりやすい歌詞であるにもかかわらず，心情に訴える力のある曲である。4小節の上行形の問いかけに4小節の下行するフレーズで答える緩やかな抑揚を伴った8小節の旋律を繰り返す。強拍部は常に二分音符で思いを乗せて歌いやすいモチーフで構成されている。

　「友達はいいもんだ」はミュージカル『ユタと不思議な仲間たち』の挿入曲である。この曲は非常に音域も広くフレーズも複雑ではあるが，覚えやすいキャッチーな旋律が続き情感に訴える力が強い。後半のメロディーは2番のときだけ何度も繰り返すと一層スケールの壮大な曲となり感動を生む。

職員合唱の例

● 「歓迎の歌」岡本敏明　作詞／アメリカ民謡

歓迎の歌

岡本敏明 作詞
アメリカ民謡
岡本敏明 編曲

『愛吟集』（玉川大学出版部）

在校生による歓迎の歌の例

● 「友達になるために」新沢としひこ　作詞／中川ひろたか　作曲の冒頭部

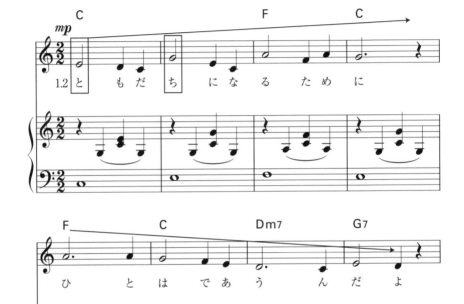

『新版和音伴奏による幼児のうた100曲』（在原章子他著 全音出版）

● 「すばらしい出会い」吉村温子　作詞／川口あづさ　作曲

　出会いの喜びを素直に表現できる明快な歌詞がよい。シンコペーションを多用した非常にリズミカルで元気な第一テーマと思いを乗せやすい伸びやかな第二テーマとの対比が豊かな曲想を引き出す。

　在校生としてこうした場面で歌うことの意義を繰り返し児童には伝えていきたい。音楽室の中で完結する音楽活動ではなく，評価されるためのコンクールや発表会のステージ音楽でもない「一年生を迎える」という明確な意義を感じ

させることが特別活動における大切な目的となる。何より，本番において新入生を目の前にして歌った際，歌を聴いている新入生の表情を見たときに，「歌を歌う意味」ということを感じ取ることができるのである。

卒業式次第例
①開会の辞
②卒業生の入場　鼓笛隊による「威風堂々」エルガー作曲
③「国家斉唱」（会場全員）
④卒業証書授与
⑤学校長式辞
⑥「仰げば尊し」（卒業生一同）
⑦贈る言葉（在校生代表）
⑧「門出の言葉」（卒業生一同）
　「旅立ちの日に」
⑨「校歌」（会場全員）
⑩閉会の辞
⑪卒業生退場

卒業生の入場曲の例
　小学校の器楽曲合奏曲として定番の「威風堂々」はまさに卒業生の入場に打ってつけである。第1番を全曲演奏してもよいが，有名なTrioを部分的に演奏しても卒業生の入場の場面には効果的である。入場ではなく退場時で使用しても巣立っていく卒業生を送り出す曲として適している。
　卒業生の人数に合わせてTrioをリピートし最後の一人が着席（退場）するまで演奏してほしい。決してテンポが転ばないように等速での演奏を心がけ堂々とした雰囲気の中，卒業生が一歩一歩の重みを感じながら入場できるように演奏で支えたい。

●「仰げば尊し」作者不詳
　明治期から歌われてきた卒業式の定番曲である。児童にとって古語が多用された歌詞が理解しづらいが，かえって厳粛さが感じられる。事前の練習段階で十分に歌詞の意味を理解させたい。

　感謝の気持ちや決意を感じながら歌うにはゆったりとした8分の6拍子が効果を発揮する。緊張や焦りで演奏が前のめりになりやすいが，深く噛み締めながら演奏させたいので，伴奏は毅然と落ち着いたテンポを維持したい。3番の最後は名残を惜しむように十分にフェルマータを生かし，丁寧なリタルダンドで終止させたい。

　できることならお世話になった先生の顔を見て歌うことができるとさらに感慨も深まる。つまり演奏効果もさることながら，どのような教育的意義を求めるかによって会場の座席配置も変わってくるのである。

卒業式配置例（体育館など）

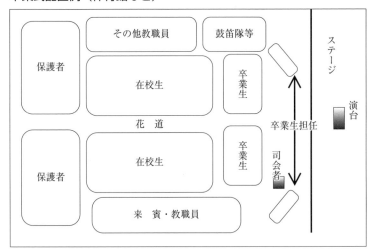

● 「旅立ちの日に」小嶋登　作詞／坂本浩美　作曲

　今日卒業式で歌われる曲としてはもっとも使用頻度の高い曲といっても過言ではない。もとは中学校で誕生し，中学校を中心に広まったこともあり，松井孝夫による混声三部合唱版がポピュラーである。

　小学校で扱われる場合，本来混声三部合唱である限り低音部譜表のパートは声変わりをした男子が担当するべきである。なぜなら声変わりしていない男子が単純にヘ音記号を実音よりオクターブ高く歌うことによりメロディーを侵食してしまうからである。頭声発声で日常的に歌う習慣がある児童であれば純粋な同声二部合唱の楽譜を使うことが音楽的には望ましい。

　しかし何より優先させなければならないのは卒業生が伸びやかに充実した声を出し，思いが精一杯表現できることである。したがってどのようなアレンジを使用しても児童の声域に十分に配慮し，どの児童も歌うこと自体に充実感を味わえる工夫が必要である。

　門出の言葉は6年間の思い出や，先生，両親への感謝を綴り，二度と戻らないかけがえのない月日を感じて，思いが高まったところで前奏を始める。Piu Mossoは回想から一気に前に進む強い決意を表現したい。こうした中での感動体験は演出された作為的なものでなく，児童一人ひとりがどのように6年間を過ごし，卒業式という門出に際し何を感じるかについて，確かめたり，深めたりすることが重要なのである。

　卒業にちなんだ合唱曲はこのほかにも存在する。ここでは小学校の卒業式として教育効果を十分に期待できる教材をいくつか紹介する。

卒業にちなんだ合唱曲の例
●「ふるさと」小山薫堂　作詞／youth case　作曲
●「絆」山崎朋子　作詞・作曲
●「さよならは言わない」若松歓　作詞・作曲

(2)「文化的行事」音楽発表会

　文化的行事における音楽発表会はまさに芸術教育そのものである。むしろ日常的に行われる音楽の授業以上に音楽の本質に向き合いたい。クラスでの合唱では味わえない学年合唱の充実した響きを味わったり，失敗が許されない本番一回に賭けるという時間芸術ならではの音楽における厳しさを味わうことも大切な経験である。

　ここで大切なのは学齢に対する発達段階に応じた選曲である。例えば合唱であれば声域や歌詞の内容など，十分にその曲のもつ本質を表現できるか客観的に判断しなくてはならない。子どもの主体性は大切であるが，子どもが好むからといって単に子どもの趣向に迎合して選曲してしまうと，予想外に表現が難しく，最終的には演奏が充実しなくなってしまうおそれがある。音楽の本質を考えると合唱教材としては次にあげる観点に留意したい。

①リズムの適正

②メロディーの適正
③ハーモニーの適正
④子どもの声域
⑤歌詞の内容

　マイクを通して喉で転がして表現するような歌謡曲が原曲の場合，合唱として表現するのは難しい曲が多い。特にハーモニーを伴う場合，合唱部のように日常的にヴォイストレーニングを続けていればよいが，一般的には十分に母音が響かず美しいハーモニーをつくりづらい。多声合唱をするなら児童自身がハーモニーを感得しやすいものを選ぶべきである。なぜなら音楽発表会といっても客観性を追求しながらも学習者が主体であり，演奏者として何をどう感じているかが大切なのである。
　極論を言えば，どんなに美しい合唱に仕上がったとしても，学習者が何も感じていなければ学校教育における行事の役割として不十分なのである。聴きに来た保護者のためではなく，ましてや教師の自己満足のために行うものではないのである。
　メロディーについては特に子どもの声域との兼ね合いが問われる。低学年のうちは特に音域が狭く約一オクターブくらいしか正しい音程で歌えない子どもも多い。正しい音程を優先させるのであれば声域を十分に把握したうえで選曲しなければならない。ただし，低学年では音程よりものびのびと表現する姿勢を目標にすることも多い。また，上級生になるにしたがって長いフレーズ感で表現できるようになるので，豊かな抑揚を表現するような曲にもチャレンジしたい。
　つまりこうしてさまざまな観点から見ると音楽発表会における教師の役割は，児童の実態に即し，音楽の本質を児童が深く感じ取れるだけの，力をもった曲を選択することが，非常に大きな務めとなるのである。通常の授業の成果を発表することが前提だが，少しだけ音楽的に高度な目標を設定し，全校で取り組んでいる雰囲気の中でそれらを達成していけるように計画したい。
　ここで音楽発表会としてモデルプログラムを一例として示す。

音楽発表会プログラム例
①全校合唱　「はじめの一歩」新沢としひこ　作詞／中川ひろたか　作曲

②1年生
　合唱「さんぽ」中川李枝子　作詞／久石譲　作曲
　　　「だから雨ふり」新沢としひこ　作詞／中川ひろたか　作曲
　合奏「きらきらぼし」
③3年生
　合唱「大きな歌」中島光一　作詞・作曲
　　　「にじ」新沢としひこ　作詞／中川ひろたか　作曲
　リコーダー合奏「喜びの歌」ベートーベン
④5年生
　合唱「すてきな友達」
　　　「宝島」岩谷時子　作詞／羽田健太郎　作曲／教育出版作編曲ブロック
　合奏「エル・クンバンチェロ」R.ヘルナンデス　作曲／松浦欣也　編曲
⑤全校合唱「ゆかいに歩けば」保富庚午　訳詞／F.W. メラー　作曲
⑥2年生
　合唱「世界中のこどもたちが」新沢としひこ　作詞／中川ひろたか　作曲
　　　「小さな世界」岩谷和子　作詞／シャーマン兄弟　作曲／若松正司　編曲
　合奏「かえるの合唱」ドイツ曲
⑦4年生
　合唱「赤い屋根の家」織田ゆり子　作詞／上柴はじめ　作曲
　　　「世界がひとつになるまで」松井五郎　作詞／馬飼野康二　作曲
　リコーダー合奏「いつも何度でも」木村弓　作曲
⑧職員合唱「私は誰でしょう」西崎嘉太郎　作詞／小山章三　作曲
　　　　「オーラ・リー」イギリス民謡／千葉佑　編曲
⑨6年生
　合奏「情熱大陸」葉加瀬太郎　作曲／小松孝文　編曲
　合唱「ありがとう」若松歓　作詞・作曲
　　　「地球のかぞく」石原一輝　作詞／大田桜子　作曲
⑩全校合唱「校歌」

　プログラム順は基本的に発達段階が発展的に見えるように進行させたい。しかし体育館などで実施する場合，児童数の多い学校では十分に保護者の座席を確保できず，客席を入れ替えざるを得ないことがある。今回のプログラム案で

は⑤の全校合唱後に客席の入れ替えを想定し，前半は奇数学年，後半は偶数学年で構築したプログラムである。

　今回は各学年で歌唱教材2曲と，器楽合奏曲1曲をあげた。会全体の時間やその他のプログラムなどの条件がある場合は各学年2曲でも十分である。その他のプログラムとしては音楽系の課外活動による発表や保護者による合唱などのプログラムも考えられる。音楽系のクラブ活動がある場合こうした大舞台ではぜひ披露させたい。クラブ活動については後ほど述べることにする。

　また，6年生の発表の前に示した職員合唱は一般的ではないが特別な意味をもっている。教職員の厚生は何よりも学校の活気につながる大切な要素である。教職員に協調があってこそ，その大切さを児童に教えることができるのである。公務が忙しいからこそ，本番に向けて練習時間を確保し，音楽という媒体を通して連帯感を高めたい。1曲は可能であるなら大人の声で混声合唱を聴かせたい。ここであげた「オーラ・リー」は非常に簡易な音型でありながら四部合唱の豊かな響きを表現できる。また，もう一つのプログラムは少しおどけたプログラムもよい。「私は誰でしょう」は数人のソリストと簡易な混声合唱によって歌われる小オペレッタである。さまざまな職業の衣装に扮したソリストがクイズの要素を伴って歌う。演技や歌詞は先生方の工夫によって差し替え可能であり，コミカルな要素を伴うと，日頃目にできない先生方の姿に児童は大いに盛り上がる。教職員が子どもの喜ぶ姿を想像しながらさまざまなアイディアを出し合い演目を創造していくことは健全な教職員の雰囲気を生むために効果的なのである。毎年の恒例になれば児童はこの職員合唱を大変楽しみにする。

　また，6年生を最上級生の発表と位置づけ，その前に職員合唱をはさむことによって6年生のステージが特別に扱われている雰囲気を出したい。下級生が憧れをもつような6年生の位置づけをすることによって，6年生自身も自覚が高まるのである。

　前章において表現活動の指導法について述べてきているので，ここでは各演目について特別活動の意義ということを踏まえて，音楽の本質を追求するということを目的とした選曲のポイントを示す。

プログラミングのポイント

　全校合唱は各学年のステージへの移動のインターバルや学年の転換で雰囲気を変えたい場合に有効である。何よりも学年発表が中心になりがちなこうした

行事であるからこそ，全校で心を一つにしたり，日頃あまり聴くことのできない上級生の歌声と合わせてともに歌ったりする経験は貴重なのである。全校合唱は全校児童で歌える教材を慎重に選びたい。低学年に適切な歌詞や声域から考えると高学年には稚拙と感じ，高学年の児童が嬉々として取り組めない選曲になることは避けたい。ここであげた曲はこうしたことに配慮した。

「はじめの一歩」は学年問わず大人でも心に響く歌詞の内容である。最高音二点ニの音は頭声発声に慣れていない低学年でも伸びやかに出る音域と言える。全校で歌う場合人数が多いため，アップテンポで歌詞が多い曲は時間差が生まれアンサンブルがずれてしまうおそれがある。伸びやかにフレーズを伸ばしたり，複雑なリズムの少ない曲のほうがアンサンブルはしやすい。

全校合唱曲は日常的に全校児童が生活の中で歌っている曲がよい。歌詞を見ずに歌うことができ，他者の声に合わせて歌える余裕が児童にあることによってこうした場面で歌う教育効果が一層高まるのである。「ゆかいに歩けば」は行進曲風のはつらつとした曲である。学級活動でも示した通り低学年はメロディーの上声部，中学年以上はアルトとソプラノパートの二部合唱にしたい。普段斉唱しか経験のない低学年の児童が合唱の響きを体験しながら歌うことに意義がある。この曲も学校生活の中で日頃から親しみたい教材である。

1年生プログラム

幼稚園や保育所においても定番となっている「さんぽ」は小学生にも人気がある。曲のもつ軽快で躍動的な雰囲気を低学年でもよく表現できる。「だから雨ふり」は雨天を肯定的に表現された可愛らしい歌詞が特徴的である。コード進行の中に高まる抑揚が感じられる。手拍子を伴ってリズミカルな前半とレガートの三拍子で表現される後半とのコントラストを表現したい。

器楽合奏の「きらきらぼし」は主旋律を鍵盤ハーモニカで演奏しグロッケンや鉄琴などで音色に色をつけるアレンジがよい。鈴やトライアングル，ウッドブロックなどの小物の打楽器を多用し，さまざまな楽器の特徴的な音の重なり合いを感じて表現させたい。

2年生プログラム

「世界中のこどもたちが」は小学校で広く親しまれている曲であり，歌詞のもつ明快なメッセージと声域がよい。ほとんどが一点ニから一点ロの極めて狭

い音域で書かれているが非常に躍動的で覚えやすい旋律である。展開部の最後で伸びやかに二点ニの音まで上がるが，児童の元気な声を引き出すには適した音域である。

「小さな世界」は第一テーマと第二テーマの掛け合いによってポリフォニックな響きを味わえる。2年生の児童であっても，どちらのテーマもよく知られている旋律であり，多声音楽の導入として効果的に活用したい。難しいものへの挑戦も大舞台に対する児童への動機づけで意識や姿勢も変わってくる。何よりも多声音楽に慣れていない児童がこうした経験の中で，このような他者を意識した合唱に何かを感じられるようにすることが大切である。

「かえるのがっしょう」はもともと輪唱であるが，ここでは鍵盤ハーモニカなどを使用し輪奏を楽しみたい。

3年生プログラム

「大きな歌」は言わずと知れた児童合唱の定番曲であるが，こうした多声合唱の本格的アプローチは中学年くらいからが適している。他者の存在を意識し，自分との距離感覚を相対的に感じられる心の発達も，こうした音楽活動によって啓発される。

「にじ」は幼児教育や保育現場でも人気があるが，スウィング調の緩やかな揺らぎがあり，中学年以上にならないと拍子感覚を表現するのは難しい。サビの旋律に部分的なハーモニーをつけた楽譜などを使い部分同声二部合唱として演奏したい。

「喜びの歌」は言わずと知れたベートーベンの「第九」のハイライトパートである。リコーダーが授業でも導入されている場合，学習成果の発表として行いたい。はじめはサミングを多用しない難易度の低い曲を選ぶほうが演奏の質は高まる。

4年生プログラム

「赤い屋根の家」は誰もが心当たりのある歌詞の内容が魅力である。児童の共感を生む歌詞は，思いを乗せて歌唱表現をする際，重要な要素となる。4年生として長いフレーズを叙情的に表現するには，歌詞の内容からのアプローチや，意図的に抑揚をコントロールしながら歌えるように指導していきたい。

「世界がひとつになるまで」はさまざまな編曲があるが4年生としては同声

二部合唱版に挑戦したい。これもフレージングが長いためブレスの仕方や音の切り方に心を配りながら思いをもって歌い上げられるように仕上げたい。

「いつも何度でも」はリコーダー合奏として三部のアレンジを想定した。比較的よく知られているメロディーであるため児童はフレーズの表現はしやすい。サミングを多く使うため高音を美しく出すことと，アゴーギグを意識した息の使い方が指導ポイントである。

5年生プログラム

「すてきな友達」は同声二部合唱として掛け合いを中心にした構造で響きがつくりやすい。ただしゆったりとした長いフレーズや幅広い音域が難易度を高めている。言葉と旋律の関係をよく理解して立体的に演奏したい。

「宝島」は非常に快活で前向きな曲である。細かい旋律の動きは正確な音程で歌うのが難しい曲であるが，それ以上に曲のもつ雰囲気や子ども心をくすぐる冒険心にあふれた歌詞が，子どもの主体性を大いに引き出す。大きな舞台において全力で表現するような経験をさせることを目的にしたい。

「エル・クンバンチェロ」は高校野球の応援などでもおなじみのアップテンポのスリリングなラテン曲である。テンポが速いわりには同じ音が続くためメロディーはそれほど難しくない。ラテンのリズムを生かした打楽器を充実させたい。コード進行を伴った基本リズムにマリンバやシロフォンなどの鍵盤系，主旋律はリコーダーと鍵盤ハーモニカで構成する。

6年生プログラム

「情熱大陸」は，ラテンのリズムをベースに軽快な旋律が特徴的で難易度が高い編曲が多いが，よく知られている曲のため児童も曲想のイメージがしやすく6年生らしい迫力のある演奏が期待できる。

「ありがとう」は譜面上の難易度は優しく，言葉と抑揚が自然に結びついた名曲である。あえて6年生で取り上げたのは言葉や感情，思いを込めて歌うということを徹底的に追求した演奏を目指したいからである。「かなしい」と「さびしい」の違い，誰に対するどのような「ありがとう」なのか，児童一人ひとりに深く音楽を分析させ，それをどのように表現に結びつけるのか考えさせたい。

最後の「地球のかぞく」は演奏会のクライマックスとして少し大曲を提示し

た。同声二部合唱でありながら非常にスケールの大きな曲である。歌詞の内容に伴って，視点の変化とフレーズの高まりを感じながら，曲のスケールを豊かに感じられる。冒頭から最後までまるで一つのフレーズでできているような大きな抑揚を表現したい。一つ一つの音を積み重ねて，途中で途切らせない集中力が要求される。最上級生としてこのような大曲を取り組むことによって，誇りをもって演奏できると，この平和的な歌詞と相まって大きな達成感を味わうはずである。

最後の「校歌」は，6年生はステージ上にいたまま，会場全体で感動のうちに終演したい。

こうした音楽発表会はなるべく運営に委員会や係りの活動を取り入れていきたい。全校合唱の指揮者・伴奏者，司会や会場案内など児童が自らつくり上げている会であるように教員はサポートしたい。配布するプログラムの表紙は児童によるイラストを採用したり，ポスターは募集を行いコンペティションにより決めたりすることも児童の意識を高める。また，PTAのコーラスなども招待演奏として招くなど，児童・教職員・保護者がみんなで関わり合いながら一つの催しをつくり上げるということが重要である。

こうした雰囲気に関わることで，発表者としてよりよい演奏を心がけようと精一杯努力する経験が文化的行事の意義なのである。こうした経験は演奏するだけではなく，他の学年が精一杯演奏している姿をしっかりと受け止めようとする鑑賞態度にも反映されなくてはならない。こうした心情は自分たちが努力をしたからこそ理解できるようになっていくのである。

(3)「健康安全・体育的行事」運動会

運動会において音楽が大きく関わるのは特に開閉会式である。基本的にはグラウンドなどの屋外で実施されることが前提であり，こうした環境の中で求められる目的を明確にしてプログラミングをする必要がある。

体育行事の場合，行事に取り組む姿勢を高めるために音楽は効果的に関わりがもてるように工夫したい。この場合，きれいに美しく歌い上げるというより，精一杯活動に取り組む姿勢を重視させたい。全力で表現しようとする姿勢や，思いや気持ちを歌に乗せて表現するなど，日常の音楽活動に裏づけされた情操がここでも問われる。

運動会

```
開会式（例）
①入場
②「晴れた空に」
③優勝旗返還
④校長挨拶
⑤選手宣誓
⑥準備体操
⑦応援合戦
　「ゴー・ゴー・ゴー」
⑧退場
```

```
閉会式（例）
①集合
②「あの青い空のように」
③整理体操
④得点発表
⑤優勝旗授与
⑥校長の言葉
⑦万歳三唱
⑧校歌
```

●「晴れた空に」小林福子　作詞／岡本敏明　作曲

　掛け合いから三度のハーモニーに発展する同声二部合唱曲である。低学年は斉唱，中学年以上は二部合唱で取り組むとよい。青空や朝日を感じて歌う曲，こうした歌こそ教室ではなく屋外で歌いたい曲である。

●「ゴー・ゴー・ゴー」花岡恵　作詞／橋本祥路　作曲

　応援合戦はもはや競技種目の一つのように捉えている児童も多いであろう。どれだけの気迫を込められたか，誰がジャッジをするわけでもないが，非常に精力的に児童は取り組む。「ゴー・ゴー・ゴー」はこうした場面に極めて適した教材である。赤組のフレーズ，白組のフレーズを順次演奏し，最終的には同時に歌うことによって見事にポリフォニックな二部合唱が成立する。

　それぞれの演奏の前に各応援団からの三三七拍子があり，応援団長が口上を述べたりすると，より一層全校児童の士気も高まる。声の大きさで負けないようにアプローチすることは美しい声を出すように指導される日頃の音楽活動とは区別しなくてはならない。

●「あの青い空のように」丹波謙治　作詞・作曲

　斉唱で歌われるシンプルな曲だが，前半は二声に分けて輪唱としても扱える。「校歌」も同様に一通りの競技種目を終え，スポーツマンシップに則り，最後は清々しくノーサイドの精神で行事を締めくくりたい。特に「校歌」は得点発表も経て，勝敗に動揺している児童の気持ちをクールダウンさせなくてはなら

ない。さらには学級に戻り，担任の声かけにより一日を振り返りながら運動会の教育的趣旨に沿って帰宅させる一連のプロセスが大切である。

(4)「宿泊行事」林間学校・臨海学校・移動教室

　宿泊を伴う行事は日常では味わえない体験が数多くある。学校生活ではともにできない時間帯を過ごすのもこうした行事の特質である。夕食や朝食の時間も宿泊施設の環境的な条件にもよるが，ぜひ歌を歌いたい。

　学級活動であげた「生活の歌」や「季節の歌」を準備し，一つひとつの体験を深く思い出に刻み込みたい。例えば箱根では「箱根八里」，日光では「夏の思い出」などご当地の縁がある教材を扱うのも，曲の本質に触れるいい機会である。またこうした行事の中でキャンプファイヤーなどをする場合，音楽活動は大いに活用したい。

キャンプファイヤープログラム案

①歌唱「遠き山に日は落ちて」堀内敬三　作詞／ドボルザーク　作曲
②トーチ入場火の神（クラス代表4人程度）
③営火長の言葉
④点火
⑤歌唱「燃えろよ燃えろ」串田孫一　作詞／フランス民謡
⑥レクリエーション「猛獣狩りへ行こう」
⑦歌唱「キャンプだホイ」マイク真木　作詞・作曲
⑧レクリエーション「じゃんけん電車」志摩桂　作詞／アメリカ民謡
⑨歌唱「TIRO」アメリカレクリエーションソング
⑩クラスの出し物
⑪歌唱「誰かが星を見ていた」新沢としひこ　作詞／中川ひろたか　作曲
⑫営火長終わりの言葉
⑬歌唱「今日の日はさようなら」金子詔一　作詞・作曲
⑭閉会の言葉

　「遠き山に日は落ちて」は，ドボルザークの「新世界より」に現れる有名な旋律である。中間部は，できたら三度を中心とした二部合唱で歌いたい。キャンプファイヤーの際，歌詞カードを用意しても見えないので，2番はハミング

で歌っても雰囲気が出る。

「燃えろよ燃えろ」は，作者不詳の「キャンプの歌」につけられた歌詞であるが，これも2番「ハミング」3番「ラララ」で徐々に燃え盛るファイヤーとともに歌声が盛んになるとよい。

「キャンプだホイ」は，振りつけを伴って踊りながら歌うレクリエーションソングである。「じゃんけん電車」や「TIRO」なども同様にレクリエーションとして事前に練習や準備をするのではなく，その場で口伝えによって覚えてその場で盛り上がるレクリエーションソングをいくつか用意したい。児童が大いに心から楽しめるようなゲーム性の高いものや仲間たちと自然に関わり合えるようなプログラムが最適である。

「誰かが星を見ていた」は，会の収束に向けて落ち着いた雰囲気にさせる好教材である。ファイヤーの火も落ち始めると空には星が浮かび上がってくる。体験と歌は互いの相互作用によってより深いものとなり，児童の感性が開かれていくのである。

最終日前夜に行われることが多いキャンプファイヤーは，児童たちもエキセントリックになる。興奮したままに解散すると，思わぬ事故や，夜更かしが原因で翌日の体調不良を引き起こす心配もされる。したがって大いに盛り上がったキャンプファイヤーも最後は児童の心を落ち着かせて静かに解散させたい。営火長の終わりの言葉や「今日の日はさようなら」は，こうした意味で重要な位置づけなのである。歌の最後はハミングを繰り返し，炎が鎮火していく様子を見届けながら心も落ち着かせていきたい。

暗闇の中で一つの炎を中心に繰り広げるキャンプファイヤーは児童の心を解放し，歌やレクリエーションなどによって一体となる。こうした経験は日常を離れ，さまざまな新しい体験の中で児童の心に強く印象づけられる。

3．児童会活動

児童会活動の目的は，児童が自ら学校生活の諸問題を解決させ，よりよい生活づくりに参画することによって，自主的・実践的な態度を培うことにある。特に大切なことは「主体性」という点である。ある程度の責任を任せ，リスクを承知のうえで，児童の主体性を尊重する教師のアプローチは大きな教育的効果を生む。

ただし，重要なことは主体性を促すあまり，まるで放任してしまうというの

は危険である。児童がさまざまな運営に自信をもち，さらなる発展的な主体性に結びつくような活動にするためには，教師によって適切なサポートが必要である。各集会での指揮や伴奏，行事の運営，今月の歌の検討など，音楽に関わる委員会の役割は大きい。音楽が学校内で生活化されていくためにも委員会の活動は要となるのである。例えば音楽委員会では指揮の練習を行い，ただ振れるだけではなく，クラスメイトへの声のかけ方や，号令など教師がいなくても集会が実施できるような具体的な練習を行いたい。委員会で集まったときには，それぞれの学級での取り組みを振り返ったり，改善するための話し合いをしたりできると，自治的な雰囲気も高まる。

　こうした活動が学級活動や学校行事などの運営に実践的に生かせ，活発になったり改善されたりすることを目の当たりにすることによって，組織と自己の関わり合いの実感をすることが大切である。また異年齢間の交流において，それぞれの立場で健全な関わりをもつことによって，上級生と下級生が互いに思いやりと敬う気持ちを育てることができる。

4. クラブ活動

　小学校のクラブ活動と音楽科教育は相互に目的や意義をもっており，決して「授業の発展したものがクラブ活動である」というように考えるのは望ましくない。クラブ活動の目的は学習指導要領第6章の第2に示されている通り「異年齢の児童同士で協力し，共通の興味・関心を追求する集団活動の計画を立てて運営することに自主的，実践的に取り組むことを通して，個性の伸長を図りながら，第1の目標に掲げる資質・能力を育成することを目指す」ことである。

　しかし，学校教育という大きな枠組みの中では相互に関連し合うべきであり，特に特別活動との関わりは統合的にその目的を捉える側面も併せもっている。クラブ活動において特に重視したいのが児童の自発的・自治的な活動がより深まるような活動である。そのためには児童に任せることができない領域を指導者は明確に把握し，必要に応じて指導にあたらなくてはならない。

　小学校における音楽系の活動形態は学校によって多種多様である。合唱部や器楽クラブから最近は本格的な吹奏楽部，弦楽合奏部なども増えている。また，地域との連携などの工夫により「お囃子」や「和太鼓」など日本伝統芸能の活動も見られるようになってきた。大いに学校の特色や地域性，児童の実態などに即して，さまざまな活動が活発になることを期待する。ただし，クラブ活動

の主体は言うまでもなく児童であり，適切な目的や計画のもと，取り組まれなければならない。指導者の熱意に支えられていることは確かだが，学校教育全体と特別活動としての目的をバランスよく統合させたい。そのためには次にあげる項目に留意したい。

①活動の目的を明確にし，部員がその目的を達成する雰囲気をつくる。
②適切な人間関係や組織をつくる。
③児童の主体性・自治性を尊重する。
④児童の実態に即した活動。
⑤適切な活動時間と年間の活動を計画的に実践する。
⑥活動場所の配慮。

　①の活動目的は，先にも述べた通り「音楽活動を通して」達成される目的がある。質の高い音楽を目指すことは重要であるが最終的な目的ではない。コンクールで受賞することは目標であって目的ではない。目標は児童の主体性を引き出すためには大きな効果をもたらす。しかし賞を取ることに固執するあまり本来の目的を見失ってしまわないように十分に留意したい。
　異年齢による組織となるので，上級生や下級生との健全な人間関係を構築できるよう配慮したい。自治的組織をつくるうえで，リーダーの育成やルールづくり，また，円滑な引き継ぎができるような組織を，指導者は適切に指導していきたい。小さな役割でも，部長・副部長・パートリーダーのほか，楽譜係やセッティング係など，児童に責任をもたせ積極性を引き出したい。また，主体性・自治性として，活動計画や選曲などを適度に任せることも児童の能動的な意識を引き出すうえで効果がある。こうしたうえでは部員一人ひとりと指導教員との信頼関係が非常に重要になってくる。
　④であげた児童の実態に即した活動とは，児童を多角的に見たさまざまな発達段階を適切に判断し，児童の活動にふさわしい活動を心がけるということである。音楽の本質的な内容が児童にふさわしいか客観的に判断したい。また，身体的に未発達な小学生にとって演奏する楽器は適切に指導しなければならない。例えば大人に比べ腕が短い児童にとって，トロンボーンの7ポジションは届かない場合がある（コンパクトトロンボーンやアタッチメントによって解消できる）。また，顎と肩で支える弦楽器は，身体のバランスに合わないと弾き

づらかったり，よくない癖をつけたりしてしまう（分数楽器など，小型の楽器を使用することによって解消できる）。いずれにしても，適切な指導者によって正しく教えることが活動の充実にもつながる。自発的，自主的な活動であることが主眼だが，「自由に楽しく」を尊重しすぎた結果，活動自体が充実しなくなると，主体的な活動の雰囲気がなくなっていくのである。

　また⑤であげる適切な活動時間とは，例えば各家庭の理解と協力や，その他の学校生活との兼ね合いも大いに関わってくる。特に学校行事の前や，土曜日・日曜日の活動など，特別な練習が必要な場合は十分な保護者の理解が必要である。児童一人ひとりの実態や，客観的な意見などに配慮し指導者の熱意が一人歩きしないように注意したい。しかし一方では音楽系のクラブにとって，演奏会などで誰かに聴いてもらうことによってその意義を増すという側面もある。音楽を中心に活動するわけであるから，その成果は演奏を披露し聴衆を介してフィードバックされる。こうしたプロセスの中で児童は音楽そのものの意義を学び，より活動が充実するのである。これらを鑑みて，児童が自主性を損なわないような適度な年間の活動を計画しなければならない。

　⑥の活動場所に対する配慮は音楽系クラブの重要な留意点である。学校内の他の教育活動や，教職員の公務に対する配慮，また，近隣の住宅や施設に気を配らないと，トラブルのもとになる。限られた環境の中で①にあげた目的を達成するために合理的に計画することと，周囲の理解を得られるような工夫と努力が必要なのである。

課題

1. 特別活動の意義を踏まえて第2学年の音楽発表会の曲目を考え，そのねらいと，留意点を考えてみよう。
2. キャンプファイヤーのプログラムをアレンジしてオリジナルプログラムをつくってみよう。
3. 指導会活動として特別活動との関わりを具体的に考えてみよう。
4. 自分で指導してみたいクラブ活動を選び，具体的にどのような活動をしたいか選曲も含めて考えてみよう。

より深く学習するための参考文献

北村文夫編著『教科指導法シリーズ　特別活動』玉川大学出版部，2011年

小泉英明編著『脳科学と芸術』工作舎，2008年

佐々木正昭編著『入門　特別活動〜理論と実践で学ぶ学級・ホームルーム担任の仕事』学事出版，
　2014年

玉川学園編『愛吟集』玉川大学出版部，2005年

第**9**章

指揮法

　本章では，音楽科指導法の一環として，指揮法に触れておきたい。指導者自らが，歌を歌うことや楽器を演奏できるスキルをもっていることは，指導の際に見本を見せることができるので，確かにすばらしい。しかし，演奏できる力と授業を進める力は違う。指揮法は，自らが音を出すのではなく，音を出させる技術であるため，上手に用いることで，効果的に授業を進めることが可能になる。指導ツールとして，ぜひ身につけたいテクニックである。

キーワード　拍子　指揮の図形　ブレス　掛け声の「どうぞ」　フェルマータ

第1節　指揮の基本

　指揮の図形は2，3，4拍子の3種類を確認しておきたい。何拍子を振るかは，楽譜の最初に書かれた分数の表記を見る。これが拍子であり，大抵は分子の数字の拍子を振ればよい。よく出てくる例外として，拍子記号が「C」となっているものがある。これは，4分の4拍子を示しており，4拍子を振ることになる。

2拍子　　　　　　　　3拍子　　　　　　　　4拍子

　図形を振るときは，自分が手の親指を見ることができるように，手首を立てるのが基本である。そしてペンキをはけで壁に塗るように，すべての拍子の図形が均等に動くようにしたい。その他，美しくわかりやすく図形を振るポイントを3点示しておく。

①基本は右手が拍子を振り，左手が音楽の表現を振る。しかし，はじめは両手で拍子を振り，より豊かな音楽表現を引き出すようにしてもよいだろう。

②手首は動かさない。手首が揺れると指揮の図形が何を振っているかわからなくなる。

③肘は少し伸ばす。指揮の図形を自分の体の近くで振りすぎると，見た目がせせこましくなり，児童の伸びやかな演奏表現を引き出せなくなる。

第2節　指揮の実践

　課題として，「さあ，はじめよう」（4拍子）を用いる。この曲は，授業の導入などで使用できる作品である。ほぼユニゾンで書かれているので，クラス全員が一致して力強く声を出すことができ，発声練習としての効用もある。ピアノ伴奏は必要ないだろう。

　これは演奏会用の作品ではなく，生活の中で用いる音楽である。誰かのためではなく，自分たちのために，いつでも，どこでも，歌えるようにしておかなくては意味がない。教師の指揮によってア・カペラで歌うことができるように，指導しておきたい。

さあ、はじめよう

高浪晋一　作詞
作曲

さあ さあ　　はじめよう　　　　こえを　あわせ

う　たおう　　さあ さあ　　はじめよう

たのしいがっしょう　　　を　　　　はじめよ　う！

『各駅停車2　たのしく輪唱！たのしく合唱！』（高浪晋一編集　高浪音楽工房）

(1) 音楽の入りをそろえる

　音楽の入りをそろえるというのは，児童の呼吸をそろえ，曲のテンポを示す
ということである。指揮法では，音楽が始まる1拍前をブレスの場所として振る。
今回は4拍子の音楽なので4拍目がブレスの場所となる。そして，演奏したい
音楽のテンポを考えてから振り始めるようにする。演奏が始まったら，指揮は
演奏を先導するはたらきがある。音楽の先を振っていくように心がけると，自
分の思ったテンポで演奏できる。

　有効的な指導法として，演奏開始音を伸ばす練習をお勧めしたい。音程がしっ
かり定まり，より自信に満ちた歌声になる。「さあ，はじめよう」の「さ」の
音をフェルマータ（程よく伸ばす）してみよう。指揮は，4拍目で深くブレス
をさせ，次の出だしの1拍目で両手をしっかり前に伸ばせばよい。

　また，児童の指導は演奏家を指揮するのではないので，視覚だけではなく聴
覚からもはたらきかけたい。手の動きに合わせて，「どうぞ」と掛け声を追加する。
「どうぞ」の「ぞ」の部分が指揮の4拍目となる。

（2）音楽の終わりをそろえる

　音楽の終わりは，気持ちよく演奏を終えることができるようにしなくてはならない。指揮法では，特に音楽を切る瞬間を大事にする。この曲は，最後にフェルマータがつき，しっかりと声を響かせて歌い終わるように指定されているので，なおさらである。伸びやかな声が十分にその場の空間を満たしたことを確認してから，素早く指揮の手を握り，音楽を終える。全員で一致した心地よい感覚，音楽が消えた後の余韻と満足感が得られるだろう。

第3節　学習方法

　指揮は頭で理解するものではなく，体得する技能である。少しでも多く個人練習をしてほしい。

　題材に取り組むときはCDなどの音源を利用して，音楽のイメージをつくることから始めよう。指揮を振るときは鏡の前に立ち，自分の姿勢や手の動きを確認しながら練習するとよい。特に，題材を歌いながら指揮を振る練習をお勧めする。歌の呼吸を理解することが目的である。指揮が歌をリードするように振ってみよう。自分の歌った声よりも，指揮が幾分か先を振っている状態が理想である。

　実際の授業を想定した練習も大切だ。歌いはじめの合図，ときに題材を途中から歌わせるときの合図，曲の終わりの合図，など，本章で触れたテクニックを応用できるように備えておきたい。

課題

1. 指揮の図形と振り方の基本は理解できたか。
2. 曲の出だしを合図し，音楽を進めることができるか。
3. 曲の終わりを合図し，音楽を終えることができるか。

より深く学習するための参考文献

齋藤秀雄『改訂新版 指揮法教程』音楽之友社，2010年

第 10 章

先達の音楽教育へのアプローチ

　20世紀は「子どもの世紀」といわれ，世界的な新教育運動として一般化した児童中心主義は，教師や親による子どもへの一方的な強制・詰め込みを批判して，子どもの個性，発達段階や置かれた環境などを適切に考慮することで，子どもの自発性を尊重するという教育思潮を生み出した。この章では，そのような時代に音楽教育家として活躍した，リトミック教育法を創始したスイスのダルクローズ，「子どものための音楽」を広めたドイツのオルフ，「母国語によるわらべうた教育」を提唱したハンガリーのコダーイ，日本の音楽教育論の実践者岡本敏明を取り上げ，その基本的理念と特徴，授業に取り入れるための教授法を探っていく。

キーワード　ダルクローズ　リトミック　オルフ楽器　コダーイ　わらべうた

第1節　ダルクローズの音楽教育

1. ダルクローズの生涯とリトミックを生んだ時代背景

　エミール・ジャック＝ダルクローズ（Émile Jaques=Dalcroze, 1865-1950）は，スイスの作曲家であり，身体の動きを通して音楽を教える音楽教育法，「リトミック」を創案し，その実践と普及に取り組んだ音楽教育家である。

　1865年ウィーンに生まれ，ジュネーヴの音楽学校を卒業後，パリで作曲と演劇の勉強をした。さらに，ウィーンの音楽学校でピアノ，対位法，作曲法や和声学を学びながら，音楽表現の理論的研究者の指導も受けた。1892年，ジュネーヴの音楽院教授として和声学とソルフェージュを担当した経験から，音楽教育のあり方を研究した。1896年，ジュネーヴの博覧会会期中に博覧会劇場

にて自作の歌を初演した。

　1902年にローザンヌの音楽学校ではじめてリトミックの思想について講演。1905年には，ジュネーヴで子どもや一般の人向けにリトミックのレッスンをはじめ，同年スイスの音楽家協会の音楽教育会議で，リトミックの実演と講演を行い，多くの賛同者を得る。1907年には，ジュネーヴ大学で心理学の理論を学びながら，演劇家，舞踊家，演出家などの多くの専門家と協議，協力を得てリトミック教育の体系を考案したのである。そして，西欧諸国でリトミックの講演と実演を精力的に行いながら普及に努めるなどの功績により，多くの大学から名誉博士号を送られた。また，彼の弟子たちにより1909年パリ，1911年ヘレラウ，1915年ジュネーヴにジャック＝ダルクローズ学院というリトミックの専門的な音楽学校が創設され，舞踊や演劇，音楽教育などに大きな影響を与えてきた。1926年にはジュネーヴでダルクローズ発案による第1回リズム国際会議が開かれ，世界33カ国250名の参加による研究発表と討論が行われた。

　作曲では演劇的作品，管弦楽曲，合唱曲，室内楽曲，シャンソンなどの多数の作品を残し，「リズム・音楽・教育」「リトミック・芸術と教育」「音楽と人間」などの著書によって音楽教育やリトミック研究の発表を行った。

　ダルクローズが活躍した1900年初頭の西欧諸国は，芸術教育や，子どもの音楽的能力を伸ばす教育はなされていなかったが，すでに教育に対する新しい考え方や，心理学や生理学の応用的な研究は始められていた。一方，音楽家や演劇家，舞踊家らは1901年ドレスデンで開かれた第1回芸術教育大会で，芸術教育の重要性を主張し，1903年のワイマールでの第2回同大会では，美的鑑賞教育についての見解を発表し，1905年ハンブルグで開かれた第3回同大会では，音楽と体操の融合による表現教育や音楽教育の重要性を強調したのである。ダルクローズはこのような時代の中でリトミックを発表し，その教育を展開したのである。

2．ダルクローズの教育理念

　ダルクローズは，音楽大学における和声学やソルフェージュの授業で，学生の多くが拍子やリズムが不確実であることや，ニュアンスなどに対する感覚が育っていないことから，いろいろな種類の聴覚訓練が早急に必要だと感じた。まずは，子どもの音楽に対する実態を観察した結果，「音楽は聴覚だけで受け止めるのではなく，手をはじめ身体のすべての部分で感じ取っている」という

事実を発見し，そのための教育や表現方法の研究を進めたのである。

　ダルクローズは，「芸術表現の基礎はその人の思想及び感情であって，その表現手段はその人自身の身体」であり，「人間の身体こそが最大の表現物」であると捉えた。そして，そのための教育課程を「身体による自己表現は，ことば，文字，楽譜や楽器などによる表現方法の先に行われる重要な方法」であると位置づけた。具体的な方法として，音楽と身体と生活における共通な要素としての「リズム」に着眼した。彼は，「人間は本来，生命のリズムともいうべき生理的，根源的なリズムに支配され，音楽を含むすべての芸術の基礎もリズムによっている。したがって，その両者を統一することによって，人間の芸術的自己表現を豊かにすることが可能」であると考えた。

　音楽に感動し，音楽による自己表現をもっとも豊かにすることは，「人間の身体をオーケストラ化して，音楽に対して打ち震えるように響く状態をつくる」ことであり，そのための教育システムとして考案したのがリトミックであり，これをすべての芸術教育の基礎として位置づけたのである。彼はさらに，「子どもの音楽的能力とその発達への教育方法としてリズムの要素をもち，その根源であるリズムを基本とした教育によって，音楽的感覚を目覚めさせ，それを身体的に発達させていく」として，すべての子どもの音楽的才能を身体の筋肉の動きを通して発達させ，音楽的な表現を豊かにしていこうとしたのである。

3. リトミックを構成する三本柱

　ダルクローズの理念によるリトミック教育は，基本的にリズム運動，ソルフェージュ，即興演奏から成り立っている。

(1) リズム運動

　身体的なリズムに対する感覚を養う。リズムの聴覚的理解を深め，身体を通して表現することで音楽を楽しく総合的に学ぶことができる。

(2) ソルフェージュ

　リズムの内的聴取と表現能力を高めた後に，音高，音の関係，音質の識別についての感覚を目覚めさせ，リズムの響きの内的聴取，表現力，創造力をつけるようにする。

（3）即興演奏

　リズムとソルフェージュの原理の発展として楽器や歌による即興演奏である。リトミック教育の基本的な内容と方法であるが，具体的な指導内容と方法及び教材について，指導する対象者の発達段階や興味，関心に応じて創意工夫が必要とされる。

　ダルクローズは，著書『リズムと音楽と教育』中で，「（前略）子どもは正しく拍子をとって歌い聞くことを学ぶだけではなく，リズミカルに体を動かし，考えることを学ばなければならない。（中略）歩行の仕組みを調整することからはじめて，全身の動きに声の動きを調和することもできよう，それこそがリズムのための教育と同時に，リズムによる教育である」と明示し，作品を頭だけで分析するよりも，身体全体の感覚経験を通すことによって音楽要素の理解も深まることができるとした。その要素であるリズムとダイナミクスは，手や足，頭や腕など身体の筋肉組織や聴覚や触覚などの神経組織にはたらかせ，反応させて実感することで内的聴覚を発達させていくのである。

　したがってリトミックは，音楽を時間（Time）や速度に関するニュアンスと強弱などの音楽要素を，空間（Space）を使って，筋肉の緊張と弛緩（Energy）などの身体運動を通して体験していく方法なのである。

> 　十分時間をかけて以下の練習をすれば，自己意識をもち，身体が多くの運動機能に目覚め，生き生きとした感覚が増えることとなる（ジャック＝ダルクローズ，河口編・河口訳 2003）。
> 　1）筋肉弛緩と呼吸の練習　2）メトリックの分割とアクセントづけ　3）メトリックの記憶　4）視聴覚による拍子の素早い把握　5）身体感覚によるリズム把握　6）自発的意思と機能停止能力の発達　7）集中力の訓練　リズムの内的聴取の開発　8）身体バランスの練習と運動継続的確保の練習　9）多くの自動性を獲得し，それらを結合し，自発的意思の行為と交代させる練習　10）音楽的持続の表現　11）持続的メトリックの分割　12）音楽リズムの素早い身体表現　13）動きを分離する練習　14）動きの中断と停止の練習　15）動きを2倍，3倍に速めたり，遅くしたりすること　16）身体的対位法　17）ポリリズム　18）強い感動的なアクセントづけ－ダイナミックとアゴーギグのニュアンス（音楽的表現）19）リズム記譜の練習　20）即興練習（想像力の育成）21）リズムの方向　22）複数のグループによるリズム表現（音楽フレーズの手ほどき）

4. 授業でリトミックを導入するために

　児童のリトミックを考えるときには，まず生活経験や体験から得られた各々の感覚や感性が自己表現を豊かにするための基本的で重要な要素となる。日常的な経験活動を素材にした教材によって，豊かに身体表現をするための経験を積み重ねて，音楽や身体表現としての自己表現へ発展できるような内容と方法の展開が必要である。

指導にあたり素材となるもの

自然や生き物や植物の動きをさまざまな発想をもって即興的に表現する。

自然 – 海，山，雨，波，風，雲，草，木，水の中

生き物 – さまざまな動物，魚

音楽の諸要素

さまざまな要素を複合的に選択し授業を組み立てる。

拍（ビート）　拍子　テンポ　強弱（ダイナミクス）　音色　フレーズ

リズムパターン　音域　調性メロディー　音程　音階　音列　音高

ハーモニー　和音　形式　音価　アクセント　シンコペーション

ポリフォニー　補足リズム　休符　アナクルーズ（動作に向けた準備）　など

<u>強弱の変化による動きの表現</u>

強い　弱い　小さい　大きい　静か　突然の衝撃（アクセント）　など

<u>テンポの変化による動きの表現</u>

歩く速さ　遅く　速く　遅く　重々しい　だんだん強く　軽快　抵抗を受ける　など

<u>音の高低の変化の比較による動きの表現</u>

高い音　低い音　だんだん高くなる音　だんだん低くなる音　など

<u>音価の比較による動きの表現</u>

2分音符，4分音符，8分音符などの基本的な音価をステップする

<u>いろいろなリズムパターンをステップする</u>

<u>いろいろなフレーズを表現する</u>

<u>拍子の対比を経験する</u>

身体運動要素

呼吸　声を出す　歌う　身体で音を出す（ボディパーカッション）　脱力

緊張と弛緩　動と静　はじまりとおわり　誘発と抑制　歩く・走る・スキップ・

ギャロップ・ジャンプ・ゆれる・まわる・伸びる・縮む　方向を変える　空間の認識　バランス　身体の部位の分離と統合　末端運動と全身運動　反復運動　自動化　他

総合的な要素

聴く　見る　観察　触れる　感じる　共有　共感　適応　反応　つなぐ　想像　創造　表現　伝える　発見　交流　コミュニケーション　記憶　模倣　考える　注意　分析　判断　開放　協調　集中　楽しむ　全身体の認識　空間の認識　他

5. 日本へのリトミック導入の経緯

　日本では，1906年市川左団次（1880-1940）がロンドンの俳優学校でダルクローズのレッスンを受けている。山田耕筰（1886-1965）はドイツのヘレラウでダルクローズの教育を見学するために渡欧している。

　小林宗作（1893-1963）は，1923年当時ジュネーヴの国際連盟事務次官であった新渡戸稲造（1862-1933）に，新しい音楽教育法があると「リトミック」を学ぶことを進められる。小林はその後，実際にパリのダルクローズ学校で直接ダルクローズに学んだ後，日本にはじめて音楽教育としてリトミックを導入した人物である。玉川学園創立者である小原國芳は成城学園の主事であったころ，成城学園幼稚園長として小林を迎え入れた。小林は1929年玉川学園創立当初から幼稚部と小学部のリトミックの指導をしている。小原國芳は1930年に小林を再渡欧させるなどしてリトミック教育の普及発展につとめた。天野蝶（1891-1979）も小林の数年遅れで同校にて，リトミックを学んでいる。板野平（1928-2009）は，アメリカのニューヨーク・ダルクローズ音楽学校で1952年から5年間学び，我が国におけるリトミックの発展を担った人物である。

　現在，日本におけるリトミックは，保育園や幼稚園で広く実践されていると同時に，就学前の習い事として広く認知されている。また小学校でも低学年の教育法という理解がなされていることが多いが，ダルクローズが教鞭を執ったスイスのジュネーヴ州では，現在も小学校では4年生までリトミックを主流とした音楽科授業が展開されており，音楽の教員とは別にリトミックの教員が存在する。

6. 指導案　ダルクローズのリトミック

　ダルクローズが創案した音楽教育法「リトミック」は，"からだ全体"で音楽を味わう経験を通して，音楽を感受する耳(inner ear)と豊かな感性を育てることを目的としている。

　新学習指導要領に照らし合わせると，リトミック教育は身体活動を通した音楽の学びによって，1目標「(1) 曲想と音楽の構造などとのかかわりについて理解する」ことが可能になる。そして，グループワークという形態により，目標 (3) の主体的に音楽に関わることや，協働して音楽活動をする楽しさを味わうことが可能となる。また，歌唱や器楽などは身体を媒体とした活動であり，感覚運動学習である。視覚や聴覚などの感覚系と運動系の協応によって行われる技能の学習であるため，〔共通事項〕「思考力，判断力，表現力等」ア「音楽を形づくっている要素を聴き取り，それらの働きが生み出すよさや面白さ，美しさを感じ取りながら，聴き取ったことと感じ取ったこととの関りについて考えること」という事項について身体活動を通して実践することにより音楽をより深く理解することができるようになる。

7. 指導案例1「表現と鑑賞」第3学年音楽科学習指導案（略案）

(1) 題材名
　「グループで音楽を楽しむ――身体活動を通して」

(2) 題材設定
　○○小学校では，教育目的「強く，明るく，正しく」に基づき，「心身ともに健康で，友達と仲良く楽しく活動ができ，自ら学べる子」を教育の基本方針とする。何事にも，興味関心をもち，学ぶことのおもしろさに気づかせるために，自由な発想のもととなる基礎を習得し養うことが必要である。

　音楽科では，音楽を楽しみ，心を満たし，お互いに学び合う喜びを感じる，音楽に満たされる時間を共有し，豊かな情操教育を養うことを目的とし，「生きる力」への学びの時間になるよう，はたらきかけている。一生関わる音楽だからこそ，より深く，心と体で，感受できる能力を習得し，さまざまな音楽に関心をもち，音楽との触れ合う時間を楽しむ能力を養ってほしい。

(3) 題材の目標

○いろいろな音やリズムの変化や，それらの組み合わせの楽しさやおもしろさ
　を感じ取る。また，周りの友達を「見たり」，「聴いたり」しながら，動きや
　拍を的確に捉える。

○音楽が構成されている要素を基本から分けて学び認識する。

　基本要素→拍，リズム，テンポ，フレーズ，身体表現

○目前に迫る音楽会のオペレッタ公演に向け，グループ学習によって意欲を高め，
　個人の表現能力向上に役立つ学びをする。歌唱力，コミュニケーション力

(4) 学習指導計画（3時間扱い→本時　3時間目　最終）

第1次

　2拍子，4拍子の曲を用い，身体表現（歩く，走る）などにスポットをあて，
いろいろな歩き方を試してみる。

　楽しい気持ちのときの体の動きを敏感に感じ，互いに共有できる心を育む。

　交互に動きの観察を行い，自分の動きに工夫をこらすよう促す（場面想像→
遠足，朝登校時，給食に向かう，おなかが痛い，道に迷って，雨にぬれて，電
車，新幹線に乗るなど……）。

第2次

　ギャロップ，スキップのリズムを学び，動きを習得する。

　変化するテンポを楽しむ。

第3次

　グループでギャロップ，スキップの軽快さを感じながら，フレーズ意識を深
める。フレーズで方向をチェンジすることで旋律のまとまりを意識させる。曲
やテンポの変更による即時反応ができるようにする。

　グループ形態を大きくしていくことでクラスの一体感を味わう。

(5) 展開 (3／3)

学習活動	主なねらい　指導上の留意点・評価点
今週の賛美歌 （月曜集会に向けて） 子ども讃美歌集より「いつくしみふかき」 今月の歌 （5分） 「にじ」	基本の歌い方ができているか意識させる。 ・姿勢は，肩幅に足を開き，背筋を伸ばす。楽 　譜も両手でしっかり支える。 ・発声のポイント→言葉をはっきりと，母音を 　大切に，口内を開ける。
身体表現を伴う歌 （今回は英語歌） ① 頭，肩，ヒザ，つま先 　　上半身脱力 （2分） ② セブンソング （2分） 活動場所…教室後半面広く利用 歩行：フレーズの変化で方向を変える。	頭の上から響くように声を出す。 ①手拍子，振りつけを入れ，元気に楽しく歌う。 　歌詞の様子を思い浮かべながら丁寧に歌う。 ②全身を使い，関節や筋肉をほぐす。 ・7，3の拍を明確に意識させ，その拍が強調さ 　れるようなテンポ変化に合わせ，楽しく即時 　反応ができているか。 ・フレーズ感を養うために，心の中で数えて， 　歩きすぎないように注意深く観察。 （教室空間認識の時間）
グループ活動 一週間後に迎えるオペレッタ 公演に向け協力し合い，団結し，音楽を楽 しむ力を身につける。（20分） ① 2拍子 　教…「おちゃらかほい」（2人） ② 4拍子ギャロップステップ 　教…「草競馬」（4人） ③ スキップステップ 　教…「あめあめふれふれ」（10人） 　（児童間での観察→感想発表）	授業ルールに反応しながら，素早くグループを つくる。（誰とでも） ・タンブリンの音をよく聴いているか。 　　　　　二つ→止まる，静かにする 　　　　　ふる→次の指示が出る 　　　　　○回鳴る→集合人数 ① 一定のパターンを守りながらリズムよく音 　楽遊びができている。誰とでもできる。 ② ギャロップのはずむステップを 　軽快にこなしフレーズごとに方向を変える。 　方向転換時の動作も，他のメンバーを観察す 　ることや，メンバー間の身体の共鳴など，回 　を重ねるごとに意識され，グループ学習効果 　にもつながる。怪我なく，空間を意識してゆ 　ずり合いながら活動できる。 ③ スキップのリズムを軽快に刻むことを意識 　させる。フレーズのまとまりを感じながら方 　向転換や動きを変化させるなど，タイミング 　を明確にスムーズに行うように促す。
歌唱力を高める （5分） ふりかえり 意見交換をする。学習カードに書く。	気持ちを込めて，全身で相手に伝わるように歌 うことで，心を満たし，壮快感を味わう。 【挙手観察・学習カードの記述】

8. 指導案例2「表現と鑑賞」第6学年音楽科学習指導案（略案）

(1) 題材名

「音楽を聴いて→感じて→描いて→動いて」

(2) 題材の目標

○音楽の仕組みを理解し，図形楽譜の作成を通して音楽を視覚化して感じ取り，主体的に音楽と動きを融合する。

(3) 題材の評価基準

①「思考力，判断力，表現力」について

　鑑賞後にグループに分かれて曲や演奏の良さなどをディスカッションし，音楽の仕組みなどの知識を主体的，協働的に得たり生かしたりしている。

②「知識」について

　3つの教材の曲想の変化と音楽の構造との関わりについて理解して聴くことができる。

③音楽表現をするための過程学習

　音楽を形作っている要素を聴き取り，それらの働きが生み出すよさや面白さ美しさを感じ取りながら，その知識をいかに試行錯誤しながら身体活動へ移行しているかという主体的な学習への取り組みができている。また，音楽を特徴づけている時間（Time），空間（Space），エネルギー（Energy）を理解することができている。

(4) 題材設定の理由

　これまで児童は，歌唱や器楽の活動を通して音楽の楽しさ，美しさや心地よさ，また弦楽器や管楽器をはじめとするオーケストラ曲の鑑賞を通して音楽のよさを感じ取ってきた。

　ここでは，親しみやすい曲や演奏を聴き取り，図形楽譜を作成することによって楽譜に親しみ，曲の形式や構成を理解する。また，身体活動を通して曲の特徴やそのおもしろさに気づき，音楽をより立体的に感じ取らせたいと考え，本題材を設定した。

(5) 教材

参考教材：「白鳥」「アラベスク」「トレパック――くるみ割り人形」

(6) 指導・評価計画（全3時間）

	目標　主な学習活動	主な指導内容	学習活動に即した評価基準と評価方法
一次	○サン・サーンス作曲「動物の謝肉祭」から「白鳥」を聴き，音楽の雰囲気を捉えたり，音楽の仕組みを考えたりする。 ○「白鳥」を聴き，どのような雰囲気の音楽に聴こえたか発表する。（グループ） ○チェロの旋律に合わせて，白鳥のように手を上下に動かす。 ○この曲の仕組みについて考える。	曲の雰囲気と音楽の仕組み 即興的な動きづくり	冒頭部分を曲線譜（図形楽譜の一種）にして提示し，白鳥の動きがどのように音楽に反映されているか，視覚を通してもわかるようにする。 パターン化された低音部の表現が音楽を支えていることにも意識をもたせる。 進んで鑑賞している。 何度も聴きながら，次のフレーズの音高を予想しながら動きにつなげる。 【活動観察】
二次	○ブルグミュラー作曲「アラベスク」を聴き，音楽の雰囲気を捉えたり，音楽の仕組みを考えたりする。 ○図形楽譜を作成することで，音楽を視覚化して捉えることができるようになる。 ○「聴いて→感じて→描いて→動いて」という一連のサイクルを行う。	音楽を視覚化する 即興的な身体表現	何度も聴いた音楽を，ゲーム感覚で楽譜にする楽しさを感じ取る。 「聴いて→感じて→描いて→動いて」という一連のサイクルは，さまざまな感覚を覚醒させ，ものごとへの興味関心がイメージをつくり多様な行動力を養っていく。 【活動観察・表情観察】
三次	○チャイコフスキー作曲「くるみ割り人形」より「トレパック」を聴き音楽の仕組みを考える。 ○どのような雰囲気の音楽に聴こえたか発表する。（グループ） ○図形楽譜をつくってみる。	曲の構成の理解	音楽と身体表現の結びつきをバレエという芸術作品を通して理解するようにする。 音楽の仕組みが生み出すよさを感じ取りながら曲全体を味わって聴いている。

○映像を観る。音楽と動きの関連性を見つける。	総合芸術の鑑賞	さまざまな楽譜の表現を褒め，自分とは違う聴き方があることに気づくようにする。
○身体表現活動　グループ活動・テンポ・強弱・アクセント・フレーズ・形式への意識。	音楽要素を体感する	身体活動を入れることによって音楽の諸要素などを筋肉感覚で実感し理解する学習へと高めることができている。【活動観察・学習カードの記述】

（7）本時の展開（2／3）

学習活動	主なねらい　指導上の留意点・評価点
ブルグミュラー作曲「アラベスク」 1. 鑑賞 2. 2拍子への意識 3. 図形楽譜を作成 前奏2小節は，テンポ感を決めるので，しっかり聴いてアクションしないことを伝える。 図形楽譜の描き方　例 ※1段目 と2段目 は別の児童が描いた例である。 「アラベスク」の図形楽譜を見ながら，身体表現を取り入れる。 グループ活動へつなげることもできる。	曲を聴いて，イメージを膨らませる。 そのイメージを言葉にしてみる。 2拍子の感覚を手拍子や指揮をしながら養う。 ①用紙を人数分配布 　紙を横長にして，上6センチを残し，下から二つ折りを2回。残した部分も折りたたむ。両脇から3回たたみ5×8＝40マスを完成させる。 ②「アラベスク」を聴きながら，音楽がどのマスに当てはまるのか指で確認する。テンポは，ゆっくりから徐々に上げて慣れるようにする。 ③太字の色ペンを使い，前奏を聴いた後，1マス目から思う形にペンを走らせる。 ④児童の曲理解度によっては， 　　メロディーと ➖➖ 左手のリズムを正確に刻む伴奏部分を聞き分けるよう促す。 ・動くときには，拍の流れ，強弱，フレーズ，スタッカート，アクセントなど曲全体の構成要素を意識して取り組む。 ※創作表現活動に見られる「動くことが恥ずかしい」ことへの対策としては，ゴム・ボール・リボン・スカーフなどのモノの利用や部位の指定（右肩から先のみ）をするとよい。最終的には全身を使う。

9. 指導案例3「鑑賞」第5学年音楽科学習指導案（略案）

(1) 題材名
「曲想の移り変わりを味わって聴こう」

(2) 題材の目標
　旋律，音色，音の重なりと，音楽の仕組みのかかわり合いによる曲想とその変化を感じ取って聴く活動を通して，音楽の特徴や演奏の良さを理解する能力を育てる。また，音楽の仕組みを理解し，それに伴う主体的かつ対話的な身体表現活動を考える。

(3) 教材
　主教材：ペールギュント第1組曲から「山の魔王の宮殿」（グリーグ作曲）
　関連教材：プリンク・プランク・プルンク（ルロイ・アンダーソン作曲）
　　　　　　ジャズ・レガート（ルロイ・アンダーソン作曲）
　　　　　　ジャズ・ピッチカート（ルロイ・アンダーソン作曲）

(4) 学習指導要領との関連づけ
B 鑑賞　（1）「ア　鑑賞についての知識を得たり生かしたりしながら，曲や演奏のよさなどを見いだし，曲全体を味わって聴くこと」「イ　曲想及びその変化と，音楽の構造との関わりについて理解すること」

〔共通事項〕（1）「ア　音楽を形づくっている要素を聴き取り，それらの働きが生み出すよさや面白さ，美しさを感じ取りながら，聴き取ったことと感じ取ったことについて考えること」

(5) 指導の流れ
①弦楽器の奏法の種類を聴き取る

　「プリンク・プランク・プルンク」と「ジャズ・レガート」，「ジャズ・ピッチカート」の三つの曲の音色の共通点，相違点を聴き分ける。

　例：共通点である弦楽器の音色。アルコ奏法とピッチカート奏法の違いを聴き分ける。

②ピアノの演奏方法の可能性を探る

　通常の演奏法である打鍵する方法と，ピアノを弦楽器に見たて，弦をはじき音の違いを聴き取る。音高による音列と弦の形状について学ぶ。

(6) 主教材「山の魔王の宮殿」の導入，展開，まとめ
〈導入〉
①弦楽器・管楽器の音の特徴を理解したうえで，曲想の変化・特徴を感じ取る。
②曲を聴き，拍を感じて手拍子をする。
③曲を聴き，変化や特徴について考える。気づいたことを発表する。
　　例：オスティナートリズム

(7) 授業研究の視点
①仮説1：主体的に聴く

　旋律に合わせて体を動かしたり，旋律を口ずさんだり，楽譜を確認しながら旋律の反復や変化を聴くことは，曲の構造を主体的に捉えるために有効である。
②仮説2：学び合い

　二人組などペアで旋律の反復や変化の聴き取りを行い，気づきなどを話し合い，動きを創作することは，音楽への親しみを感じ面白さを協働するために有効である。
③仮説3：〔共通事項〕に関して

　さまざまな楽器の奏法や音の高低，旋律の拍やオスティナートリズムなどについて聴き取れたことを整理することは，曲の構造を理解するために有効である。

〈展開〉
④演奏楽器や奏法によって4つのパートに分け，音楽の変化を聴き取る。
　　Ａ　ファゴット，低音弦楽器，ピッチカート奏法
　　Ｂ　オーボエ，高音弦楽器，ピッチカート奏法
　　Ｃ　管楽器伴奏，弦楽器主旋律，アルコ奏法
　　Ｄ　Tutti，アゴーギグ，テンポやリズムの変化

⑤管楽器と弦楽器の主旋律の受け渡しがフレーズごとに行われていることを理解する。

　例：右手→管楽器，左手→弦楽器として挙手する。

⑥二人組みになり，管楽器と弦楽器の担当を決める。手を伸ばして担当の旋律のリズムを，人差し指で空中にトントンと描く。主旋律と伴奏の違いを事前にピアノで確認しておく。

⑦主旋律を手拍子，伴奏を足踏み。動きの分割を行う。

⑧高さや音量の変化を体の動きで表現する。

⑨ピッチカート奏法とアルコ奏法のときの動きの変化を体で表す。

⑩空間の利用について考えさせる。

〈まとめ〉

⑪クラス全体を弦楽器と管楽器の二つのグループに分ける。2列で向かい合い，Ａ と Ｂ の部分を旋律のリズムに合わせて前進する。足→ビートをステップ　手→メロディーをたたく

⑫管楽器の伴奏部分のアクセントに注意を向けながら，Ｃの管楽器と弦楽器の動きを考える。

⑬着席して，目を閉じて最後にもう一度曲を味わい，動きを伴った鑑賞について意見を述べる。

第2節　オルフの音楽教育

1．オルフ・シュールヴェルクができるまで

　カール・オルフ（Carl Orff, 1895-1982）は，現代ドイツを代表する作曲家であり，20世紀の音楽教育界に大きな影響を及ぼした音楽教育家である。

　若い頃のオルフはダンサーで体育専門家であったマリー・ヴィクマン（Mary Wigman）や舞踊家のギュンター（Dorothee Günther）と出会い，音楽と踊りの根本的結合という未来像を見いだすこととなる。作曲家としてのオルフは伝統的民族舞踊からインスピレーションを得て，舞台上のダンサーにドラムや，シンバル，タンブリン，クラベスなどの楽器を持たせ，音楽と動きを一体化さ

せ，同一化するという当時としては画期的な改革を行った。

　音楽教育との関わりは，1924年に友人でもあり同僚でもあったギュンター
の「体操と音楽とダンスの学校ギュンターシューレ」（GüntherShule）に始ま
る。ギュンターが舞踊と体育の責任者であり，オルフは授業や演奏会で使用す
る曲をつくっていた。オルフ教授法は，ドラムで基礎的な拍を打ち鳴らすなど
人類が初めて行った原始的な音楽体験を用いた。生徒たちには，身体を使って
拍，拍子，テンポ，リズムを経験させ，ダンスや楽器の演奏を通してこれらの
要素を表現することを重要視した。1950年代には，生涯の協力者であったG・
ケートマンとともに楽譜のシリーズ『オルフ・シュールヴェルク "子どものた
めの音楽"』（Orff-Shulewerk Musik Für Kinder）を出版。「オルフ楽器」のた
めの基本的作曲技法は，さまざまなリズムを組み合わせて用いられることが多
い。旋律的なドローン（単音で変化のない長い音）やオスティナートを確立し
たのである。

2．作曲者としてのオルフ

　オルフは，ギリシャ時代の音楽や東洋の音楽に造詣を深め，音楽の基本を舞
台芸術である劇的構成の音楽においていた。そのための音楽の構造や音の配列，
進行などは単純明快なもので，同世代の作曲家のバルトークやストラヴィンス
キーやプロコフィエフの印象派の手法やシェーンベルク音列作法，対位的な民
族色彩の濃い作曲技法とは異なるのである。彼の代表作「カルミナ・ブラーナ」
に，その特徴を見ることができる。

①単純な和声構造を基本として，その上に同じリズムやメロディーの繰り返し
　であるオスティナートを重ね，そのオスティナートが音楽の中核をつくり上
　げている。

②対位法によらない方法。

③合唱の部分では言葉や声の響きを，一つの楽器として捉えるような手法。

④音楽のあらすじを暗示させるような舞踊を伴って，演奏される。

　①にあげたオスティナートを用いた独特の手法は，オルフの音楽教育法の中
で多く利用される。また，音楽は「ことば」や「動き」を一つに融合して表現
されるもので，音楽を他の芸術から切り離し，純粋に音楽のみで表現すること
はできないという作曲に対する概念がうかがわれる。

3. オルフの音楽教育の作品

　『オルフ・シュールヴェルク "子どものための音楽"』は，1巻から5巻が知られている。シュールヴェルクには他に青少年のためのものや，楽器演奏のための練習曲集などがある。

　"子どものための音楽"は，リズムの訓練，即興演奏，オスティナートを多く用い，ペンタトニック（五音音階）でつくられている「オルフ楽器」の合奏用，「ことば」を用いた合奏などの特徴を包括し，あらゆる音楽を理解できる子どもを育てるための指導過程を作品にまとめた曲集といえる。

1巻　基礎固めに重点が置かれ，模倣，問答を通して即興練習を重ねた後に，ロンド形式の体得まで進む一方，使用される音は，二音から五音までの全音階的ペンタトニックを主として展開。

2巻　1巻に加え五音ペンタトニックから長調系を感じさせる六音音階，さらに七音音階へと進み，それを通してリズム，メロディー，ハーモニーの基礎を体得していく。

3巻　長調系ドミナントへの準備と，主音，属音，下属音の体得を通して和声感を育てる。

4巻　短調系体得のために，教会旋法を体験し，自由な叙唱をも扱う。

5巻　短調系のドミナントと導音を扱いながら，全体のまとめとして，各巻のポイントを拡大発展させ，その体験を通してさらに上声部をつくる新しい即興練習が加わる。

4. オルフの音楽教育の特徴

①模倣（エコー）

　リズムやメロディーを忠実に模倣することにより，音楽の諸要素を学ぶ。

②問答

　問いとして，2小節くらいの短いリズムやメロディーを提示し，それに対して即興で同じ長さを答えることによって，即興能力はもちろんのこと，フレー

ズ感と形式を理解する力が養える。

③即興

問答から長いフレーズに発展させる。短いモチーフを発展させる。

④オスティナート

ある一定の同じ音型や同じリズムやメロディーを何回も反復すること。単純なオスティナートを組み合わせるだけでもアンサンブルが可能であり，組み合わせによっては，複雑な響きを生み出すこともできる。ボルドゥンとシュトゥーフェンなど複雑なものもある。

① リズム・オスティナート

② メロディー・オスティナート

③ ボルドゥン　　　　④ シュトーフェン

⑤カノン／ロンド

輪唱。半音を含まないペンタトニックを用いることによって，先行のメロディーを，小節を区切りとして追いかけることはもちろん，小節に限らずどこからでも追いかけることができる。

⑥ペンタトニック

　五音音階のことで，シュールヴェルクではF音とH音を含まない。通称スコットランド音階とも呼ばれている。半音を含まないため和声進行を生じない。メロディーの即興や伴奏はどの音も重ねて演奏することが可能。

⑦アンサンブル

　個人からアンサンブルへ経験を増やすことによって喜びを共有できる。音楽と言葉と動きの融合を意味することもある。

5.「オルフ楽器」の種類

　楽器の様式と大きさは，オルフ自身の細かい指定に合わせて製作された。
①音板楽器
共鳴箱の上に音板があり音を一つずつ外すことができる。

　　木琴（グロッケンシュピール）　－　　ソプラノ・アルト

　　メタロフォン　　　　　　　　　－　　ソプラノ・アルト・バス

　　鉄琴（シロフォン）　　　　　　－　　ソプラノ・アルト・バス

②メロディー楽器

　　ブロックフレーテ（リコーダー）・ソプラニーノF管・ソプラノC管
　　　　　　　　　　　　　　　・アルトF管 ・テナーC管 ・バスF管
　　　　　　　　　　　　　　記譜法を教える際の導入としても用いる。

③打楽器

　　〔金属製〕トライアングル，吊るしたシンバル，合わせシンバル，
　　　　　　　フィンガーシンバル，シェーレン，鈴，カウベル

　　〔木製〕　クラベス（拍子木），ウッドブロック，マラカス，
　　　　　　　ギロ，スリット・ドラム

　　〔皮革製〕ボンゴ，コンガ，ラーメントロンメル，大太鼓，
　　　　　　　パウケン，タンブリン，ティンパニ，タムタム

④弦楽器

　　ギター，四弦楽器，ダブル・ベース，チェロ

6. オルフの教育方法を用いた指導例
指導案例4「表現」第4学年音楽科学習指導案（略案）

(1) 題材名
「リズムを感じ取って歌おう」

(2) 題材の目標
○体を使って音楽を感じ取る活動に興味をもち，進んで参加する意欲をもつ。
○体や打楽器を使ってリズムパターンを演奏したり，組み合わせを工夫したりする。
○拍の流れを感じ取り，正しく演奏する。
○リズムの特徴を体全体で感じ取り，楽器で演奏したり，自分たちの演奏に生かしたりする。

(3) 児童の実態と題材について
　例えば，今年の4学年は，体を動かすことが好きな活発な子どもたちが多く，楽しく歌ったり，演奏したりすることも大好きである。さまざまなことに興味をもち，チャレンジする前向きな精神をもち合わせている。一方で現時点の課題として，リズムを正確に演奏することや，音程のピッチの正確さをもった演奏表現を深める学習には十分に取り組めてはいないという点があげられる，とする。
　この場合拍を感じ，正確でよりよい音楽表現を目指す活動として，この題材を実践し，下記の教材を進めてみたい。

　「リズムを感じ取り歌おう」を実践するためには，
①「ボールを使って」

　ボールという媒体を利用することで，体を動かすことへの恥じらいや抵抗が軽減し，喜んで参加できるようになる。6名くらいで円になって並び，掛け声

のリズムでボールを投げる。アイコンタクトによる間合いやタイミングの取り方，拍子感を身につけられる。

②「黒板を使って」

　黒板に，マグネットをランダムに置き，図形楽譜のように利用する。指揮棒の代わりに長い棒をホワイトボードの左から右にスライドさせ，生徒たちは思い思いの声を出す。音と音の間や音高を視覚的，造形的に体感させる。

③「リズムの模倣」

　生活の中にある言葉の中にもリズムがあることに気づかせる。模倣を重ねて，子ども自身の中にリズムの語彙を増やしていく。6名くらいで円になって並び，課題のリズムの模倣をする。同じリズムを全員→一人→全員→一人の順でつなげていく。

こん　　にちは　ポン

例：

みん　なでおなまえ　おぼえましょ　ポン

④4拍分のリズムパターンを作成し，グループごとに全員リレーをしてリズムの流れを意識していくようにする。

⑤「Rhythm Moving ～ Shu shu shu ～」柳沼てるこ　作曲

　手拍子で練習した後，打楽器も入れながら合奏にチャレンジしていく。

　・サンドペーパー，テンプルブロック，クラベス，ボンゴ

（4）本時の学習

①本時のねらい

　「リズムを体感して表現しよう」

Rhythm Moving ~Shu shu shu~

柳沼てるこ 作曲

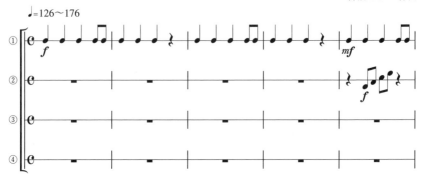

【基本的な編成】
①サンドペーパー　②テンプルブロック　③クラベス　④ボンゴ

②本時の展開（3／4）

学習内容 ・ 学習活動	○教師の支援　指導上の留意点　★評価点
全員で歌う「ビリーブ」 4小節のリズムパターンを練習する。 ①いろいろリズムパターンを組み合わせ，手拍子のリレーをする。 ②楽器を使って席順でリレー演奏をする。	○緊張をほぐしのびのびと歌わせる。 ★姿勢や口の開け方に注意しているか。 ○正しいリズムで手拍子ができるように指導する。 ★指導者の模倣を正確にできているか。 ★友達の演奏やリズムを感じて練習しているか。 ○リズムパターンどおりたたいているか，見てまわる。 ○正しく演奏できるように指導する。 　（ボンゴのたたき方） ★友達の演奏やリズムを聞いて，同じリズムを共有しているか。 ★演奏しながらリズムを歌おうとしているか。 ★正しく演奏しようとしているか。

第3節　コダーイの音楽教育

1．コダーイ・システムの誕生

　1940年代から50年代のハンガリーを代表する作曲家ゾルダン・コダーイ（Zoltán Kodály, 1882-1967）によって考案された音楽教育の包括的システムを「コダーイ・メソード」「コダーイ・システム」という。このメソードは，コダーイの理念や原理をもとに彼の同僚や生徒たちによって彼の指導のもとで発展したものである。

　コダーイは，「音楽はすべての人のもの」「音楽抜きに完全な人間はありえない」と，一般教育においても音楽の役割を重視し，ハンガリーの音楽教育の改革に献身した。彼の理念は，優れた教え子たちに受け継がれ，そのメソードは保育園から音楽学校，ブダペストのリスト音楽院の最上クラスまでもの範囲にわたって実践されており，今日のハンガリーの音楽教育へ発展している。

　コダーイの音楽家としての原点は，言葉と民謡の結びつきを考察するところからスタートした。音楽教育という別の局面でも生かされることになった。「音楽はおそらくどの教科よりも，子どもたちの発達に，あらゆる方面（知性・美

学・身体）から貢献することができる」として，音楽の授業は，子どもたちに音楽能力を身につけると同時に，自国の文化，伝統などハンガリー人として受け継ぐものを取り込み構成されている。

　コダーイは民謡を歌うことを人々はもちろんのこと，教育者を目指す若者の間にも広めようとした。「民謡の中では，言語と音楽が絶妙な調和を生み出している。言語の自然な語調が旋律とリズムに反映されているため，子どもは単に節と言葉を学ぶばかりではなく，母国語をより一層流暢に話し，理解を得ることができる。民謡は一つの芸術として価値があるもので，過去の文化に触れることもできる」と，その重要性を説いている。

　また，ハンガリー語の正しい発音や言い回しにも目を向け，民謡とディクション（抑揚などの言い回しや，歌曲などの詞の発音の仕方）のコンテストなども行った。1964年にハンガリーの首都ブダペストで開かれた国際音楽教育会議（ISME=International Society for Music Education）では，コダーイ自身が議長を務め，これを契機にメソードは世界中に紹介され，音楽教育界に大きな影響を与えることとなった。

2. コダーイの基本的理念　コダーイ・コンセプト

　以下は，コダーイ自身の言葉を要約したものである。（論文「こどもの合唱」「イントネーション」「保育園の音楽」，著書「ビチニア・フンガリカ」より抜粋）

（1）音楽はすべての人のもの

　世界中の優れた音楽作品は，貧富，階級の差を問わず，すべての人の共通の財産にすること。本当の音楽教育は，音楽を理解し，楽しむものでなければならない。

（2）歌唱教育

　音楽を体得するもっともよい手段は，誰もがもっている楽器，喉を使うことである。歌うことは誰もができることである。ともによい音楽をつくる努力から得る喜びは，気高い性格をもった規律正しい人間をつくる。ハンガリーの音楽教育の本質をひと言で言うのであれば，それは，「歌う」に尽きる。

（3）民族音楽

音楽教育は，音楽的語彙であるわらべうたや民謡から始めなければならない。言葉を覚えると同様に，それを習わなくてはならない。自国の民謡を身につけてから，外国の音楽を体験することが望ましい。近隣諸国の民謡はハンガリー民謡とよく似た曲（五音音階やリズムの類似）を見つけることができる。それらを比較研究し，実践を深めることによって，自国の民謡についての知識を豊かにすることに役立つのである。

（4）ソルフェージュ教育

すべての人が，音楽の読み書きができるように，音楽的文盲を無くす。音楽文化を高める道は，楽譜の読み書きを通して得られるものである。

（5）学校教育

真の音楽的教養は万人にとって到達可能であり，取得できるものでなければならない。6歳から16歳までの音楽経験は，子どもにとって極めて重要である。成長の著しいこの時期には，音楽をどんどん吸収し，才能を目覚ましく発揮することができるのである。音楽文化への道とは，学校の授業を通して音楽の読み書きを一般化することである。

（6）早期教育

もっとも重要な事柄を，幼稚園で遊びながら身につける必要がある。保育園や幼稚園の音楽の改善に力を尽くすことは教育上の小さな問題ではなく，国全体に関わる問題である。

3．作曲家・民族音楽学者としてのコダーイ

主な作品は，組曲「ハーリ・ヤーノシュ」（1926年初演），「ハンガリー民謡《孔雀は飛んだ》による変奏曲」（1939年初演）や「管弦楽つき合唱曲『ブダヴァール・テ・デウム』」などがあげられる。他にも「ガランタ舞曲」，「マロシュセーク舞曲」などハンガリー民謡による歌曲や舞曲，合唱曲など多数ある。また，「50の小さい人間たちの歌」「333の視唱練習」「ビチニア・フンガリカ」「五音音階の音楽」など，ハンガリー音楽の伝統を重んじて作曲された数百曲を超える子どもを対象にした作品がある。

コダーイは若いときからハンガリーの民族音楽に深い関心をもち，その収集と研究が必要であると考えていた。1906年頃から，ハンガリーを代表する作曲家バルトーク・ベーラ（Bartók Béla, 1881-1945）とともに，約5000曲のハンガリー民謡やスロヴァキアなど近隣諸民族の民謡の収集調査を行った。

4. コダーイの音楽トレーニングの目的

①すべての子どもの生まれつきもっている音楽性を，できるだけ伸ばす。
②子どもたちに音楽の読み書きができるようにする。音楽的語彙による創作を可能にする。
③子ども自身に音楽的遺産（言語，民謡）を体得させる。
④世界の偉大な芸術音楽を子どもが体験できるようにする。傑作を演奏，鑑賞，学習，分析することで音楽の知識を身につけて，それに基づいて音楽を愛し，感謝するようになる。

5. コダーイ・メソードの教授法

コダーイの音楽教育は，階名の文字符やハンド・サイン，音符のリズムだけを抜いて表すリズム符など，子どもや初心者にとって有効な教授方法が実践される。これらの方法はコダーイ自身が考案したものではなく，諸外国の音楽教育システムの優れた方法を修正，改良したものである。

(1) トニック・ソルファ法（Tonic Solfa）

いわゆる「移動ド唱法」によるソルフェージュ教育である。長調においては，ドの音がすべての主音となり，同じく短調では，ラの音が主音となる。音楽的な耳を育てるうえで優れた方法であり，調性内の音程の関係と音高の機能に注意を集中することができる。利便性としては，すべての調に対してドからソの完全五度の響きやソからミが短三度を内的聴取として想起できるようになるのである。幼児期に用いられる歌や歌あそび，民謡や西洋音楽の多くが，調的な性格をもっているため，この学習法は非常に適しているのである。

子どもたちにはまず，移動ドで指導し，安定して使いこなせるようになり歌ったり読んだり書いたりできたところで，音名を紹介する。それを階名唱と併用しながら，十分に歌いこなせるように練習する。

(2) ハンド・サイン（Hand Signs）

　ソルファ法が調性の記憶を助けるものとすれば，ハンド・サイン法をそれに組み合わせたものは，調性の記憶を早め，安定させる方法である。イギリスのジョン・スペンサー・カウエンによって1870年に開発され，コダーイはハンガリーの学校教育で利用するために若干の変更と改善を加えたのである。

ド　レ　ミ　ファ　ファ#　ソ　ラ　シb　シ　ド

(3) リズム読譜のためのリズム符やリズム唱＝リズム音価を表すシラブル
　　（Rhythm Duration Syllable）

　フランスの教育者エミール・シュヴェ（Émile-Joseph-Maurice Chevé）の考案したシステムを採用している。リズムはパターン，また一連の音節（シラブル）によって表現される拍の相対的な長さであるとして，リズムを声に出して歌うという方法である。

典型的なリズム・モチーフの例

リズムを手拍子しながら，「ターター…」とリズム唱をする。同じようなリズムの組み合わせをつくり，歌と一緒に練習をする。指導者がまず歌い，応答するように子どもが模倣して歌う方法から始める。

　コダーイ・メソードでは徹底して自分の声で音楽を表現させるところに特徴がある。授業の中心は歌唱活動であり，音楽の授業はしばしば「唱歌 ěnek」と呼ばれる。それは声で正確に音程やリズムを表現させて内的な耳を養うことから始まるのであるが，保育園や幼稚園の段階から動作を伴った言葉遊びを通して行われる。楽譜が使われるわけではなく，お遊戯の中に自然な形で導入された言葉遊びをすることで，正しい音程やリズム感を体得していく。小学校に上がったはじめの段階でも，教材の中にあそび歌が多く，徐々に民謡，そして近隣諸国の民謡や西欧的な題材へと移行する形がとられる。

　つまり言葉遊びやわらべうたのような身近な題材から始めることによって「音楽を学ぶ」ということを意識せずに子どもたちは歌と関わっていく。小学校でも低学年であるほど，教材のハンガリーの歌の割合が多い点に，そうした配慮を感じることができる。指導にあたっては，サイレント・シンギングを用いて，内的な聴感を高めることが重視される。また，ハンガリー特有の単旋律音楽を学ぶと同時に，多声音楽も学べるように早い段階から二声の読譜教育が重視されている。ハンガリーでは，これらの教授法を用いて自国のわらべうたや民謡，またコダーイが民族音楽の特徴を生かして作曲した作品などを教材として，子どもの発達段階に応じた音楽教育が行われている。

6. コダーイ・メソードを取り入れた授業展開
指導案例「歌唱」第2学年音楽科学習指導案（略案）

(1) 題材名
　「わらべうたに親しもう」

(2) 題材について
①日本固有の伝承音楽を，楽しみながら歌うことができるようになる。
②この活動は学習指導要領のA表現(1)「歌唱の活動を通して，次の事項を身につけることができるよう指導する」に示されるウ「技能」の（ア）範唱を聴いたり，階名で模唱したり，暗唱したりする。また，（イ）自分の歌声や発音に気をつけて歌う。（ウ）互いの歌声を聴いて，声を合わせて歌う。以上の3つを目指すことができる。また，〔共通事項〕の「思考力，判断力，表現力等」ア「音楽を形づくっている要素を聴き取り，それらの働きが生み出すよさや面白さ，美しさを感じ取りながら，聴き取ったことと感じ取ったこ

ととの関わりについて考えること」ができるようになり，イ「音楽を形づくっている要素及びそれらに関わる身近な音符，休符，記号や用語について，音楽における働きと関わらせて理解すること」も，カノン（輪唱）の題材を学習することで可能となる。

（3）題材設定の理由

ここでは，親しみやすいわらべうたを取り上げ，さまざまな感覚を通して，その特徴を感じ取る。また，別のパートのいろいろな音の響きや，音の組み合わせを聴き取ることができる。

体を動かす活動を通して曲の特徴やそのおもしろさに気づき，音楽をより立体的に感じ取らせたいと考え，本題材を設定した。

わらべうたの音楽的特徴：メロディーは半音進行がない。ファとシのないドレミソラの五音で成り立つ。音の跳躍が少なく，音域が二音から五音と狭い。短く覚えやすく曲がまとまっている。歌とともに，遊びも一緒に楽しむことができる。歌に伴った動作や感覚を育てる。移動を伴う動きは，自分と他者やものなどの位置関係を理解するなどの空間認識も養う。

（4）教材
わらべうた「だるまさん」「ひらいたひらいた」

わらべうたは，身近な歌である。短い曲であるため，多くの時間を要することなく暗唱することができ，歌全体を捉えることが容易である。また，カノンにすることによって，声を重ね，他者の声を聴く能力を育て，合唱の導入に適した教材である。

（5）指導計画（全2時間）

第1次（30分）……わらべうたを模唱し，オスティナート部分の練習からカノンへ。
　　　　　　　　　全体をメロディー2部，オスティナート伴奏2部の全4部のパートに分けカノン。
第2次（30分）……第1次の教材より長い曲，高音域となる。オスティナート伴奏の充実。

(6) 本時の指導（第1次）

学習活動	指導上の留意点　形成的評価（○） 総括的評価（□）
・「だるまさん」の範唱を聴き，音楽の 　雰囲気を捉える。	歌詞を構成音がラソミであることにも意識をもたせ る。 ○進んで鑑賞している。 　曲に慣れてきたら，2グループに分けお互いに聴 　き合う。
・メロディー「だるまさん」を歌う。	○言葉の抑揚に興味をもち，楽しく斉唱している。
・1拍目にアクセントを入れて歌うこ 　とによって，音楽がどのように聴こ 　えか発表する。 ・伴奏「あっぷっぷ」の部分を歌う。 ・2グループに分かれて，メロディー 　を1小節遅れのカノンで歌う。 ・メロディー2部，伴奏2部全4部に分 　かれて歌う。	オスティナート2小節に慣れてきたら，はじめは2 小節遅れのカノンを試みる。その後，1小節遅れの カノンを試みる。 ○カノンに興味をもち，音の重なりを楽しんで歌っ 　ている。 メロディー① メロディー② 伴奏① 伴奏② □言葉の抑揚を聴き取り，そのおもしろさを感じ取 る。また，カノンの特徴である，他の音との重なり を感じ取っている。 【活動観察・表情観察】
・この曲の仕組みについて考える。 グループ活動へつなげることもできる。	

第4節　岡本敏明の音楽教育

果たした役割と実践

　岡本敏明は「どじょっこふなっこ」の作曲でも知られる昭和期の音楽教育を
牽引した音楽教育家・作曲家である。岡本の音楽教育における特徴は，誰にで
も音楽の本質を喜びとして味わえる簡易な合唱を多用することにある。例えば
旋律の拍節をずらすことによってハーモニーを味わえる輪唱は岡本の真骨頂で
ある。自身が提唱する「音楽の生活化」を体現するために輪唱は欠かせないも
のとして多用された。こうした演奏者主体のハーモニーやリズムのアンサンブ

ルを体験的に楽しみながら学ばせる手法は結果的にベートーヴェンの「第九交響曲」の合唱にも発展するとし，岡本の音楽教育は「どじょっこから第九まで」と総じて称された。

　こうした理念を生み出した背景には創設期から携わった玉川学園との関わりが大きく影響している。特に玉川学園創設者の小原國芳との出会いは，音楽を単一の教科としてみるのではなく，音楽を全ての教育と統合して捉えていくという全人教育との出会いでもあった。全人教育の実践の場であった玉川学園において，生活の中で朝な夕な歌を歌うという習慣が必然的に生まれ「音楽の生活化」という岡本の教育観が確立していった。それに伴って独自の歌集『愛吟集』が刊行されることになる。ヨーロッパを中心とした数多くの外国曲や，日本の民謡の他に，子どもたちが嬉々として取り組める多様な教材が盛り込まれた。昭和7年に『愛吟集』の元となる『塾生愛吟集』が刊行され幾多の改定を重ねながら現在もなお，玉川学園の小学生から大学生まで必携のテキストとして位置づけられている。この『愛吟集』に収められた教材を俯瞰すると岡本の教育観が見えてくる。岡本が単独で編集者として明記されている昭和23年版には次のような編集ポリシーが掲載されている。

　一，豊富に一年中の生活に関連をもつものをえらんだこと。
　一，気軽に歌え，しかも音楽的に高い価値を持つ輪唱を多くとりいれたこと。
　一，世界の代表的歌曲（特に学生向きの）をおさめたこと。
　一，現代の唱歌教材の形式上の模範である英語讃美歌をとりいれ，音楽上のみならず，英語学習上の便宜にもあてたこと。同時に子供の英語唱歌も。
　一，日本人の誰にでも共通な明治，大正，昭和にわたっての愛唱唱歌，童謡を加えたこと。
　一，音楽の本質的興味と技術とを持たせるために，特に考慮された合唱編曲を多くとりいれたこと。
　一，伴奏を子供にも奏けるように工夫したこと。

　このように，「生活に関連をもつ」や「伴奏を子供にも奏けるように」など一般的な歌集とは異なる様相を呈している。また，当時としては外国曲を

積極的に取り入れたことも特徴のひとつと言える。

　岡本敏明は1907（明治40）年3月19日，宮崎県宮崎市に岡本松籟の次男として生まれた。父親は農村伝導，未開発地域伝導を行う牧師であり，幼少期より讃美歌やオルガンの音に慣れ親しんで育った。福島県立福島中学校時代には学友らとマンドリン・ギターオーケストラの合奏団を作り注目をあびた。またその傍らそれまで母親が弾いていた教会でのオルガンを担当したという※本人談（私の履歴書）。こうして音楽に対するアイデンティティを確立していった岡本は当時新設された東京高等音楽学院の第一回生となった。1929（昭和4）年高等師範科を卒業した後，同年4月に開校した玉川学園教諭となる。1940（昭和15）年には日本放送協会放送合唱団専任指揮者，1947（昭和22）年には文部省図書編集委員，文部省学習指導要領編集委員となり，小，中，高等学校の教科書づくりに協力した。1950（昭和25）年には国立音楽大学教授となり，その後1951（昭和26）年文部省教科書検定委員，1952（昭和27）年全日本合唱連盟常任理事，1969（昭和44）年全日本音楽教育研究会理事，日本レクリエーション協会理事を歴任し1977（昭和52）年10月21日，70年の生涯を閉じた。玉川学園や国立音楽大学での教育実践の中で数多くの歌唱教材を創作すると共に，特に戦後の教科書の編集に携わったことによって日本の音楽教育観に大きな影響を与えた。

　牧師の家庭で育ち，自らも敬虔なクリスチャンであった岡本にとって，讃美歌を通し混声四部合唱にも触れていた経験は，唱歌教育一辺倒であった戦前の音楽教育に対する問題意識に拍車をかけた。当時の文部省は流行歌を卑俗な音楽と捉え，唱歌教育こそ善性を感発させる徳育の一環としていた。だが，それは岡本にとって「堅苦しい」ものであり極めて批判的であった。「子どもの音楽はもっと楽しいものでなくてはならない」「子ども達を活き活きさせる音楽活動でなければならない」と強く主張していたのである。それはただ単に楽しいだけでなく，親しみやすい歌の中にリズムやハーモニーなど，音楽の絶対的な価値を感得する要素を盛り込むことを大切にした。岡本によって戦後の教科書に紹介された「かえるの合唱」はまさにそれを象徴している。このような岡本が作曲した楽しい曲は日本音楽著作権協会に登録されている曲だけでも400以上を数える。岡本は自身の教育を雑誌『教育音楽』1950（昭和25）年8月号に掲載された「私の初教壇」で次のように述べている。「私の教授法は何等新しいものではない。系統もなく雑然としてまとまりがない。けれども山から山

に，丘から丘にこだまする生徒の歌声が一日として絶えることのないのが私の唯一の実績であり，身上である」と。

このように岡本は極めて積極的な実践的教育家であり，その理念は共に音楽を味わい同調した教師たちの手で岡本イズムとして継承されてきた。唯一の著書とも言えるものに，『実践的音楽教育論』（カワイ楽譜，1966年）があるが，折々に雑誌に投稿した手記はいくつかあるものの，自身の音楽教育について体系的に取りまとめられた文献はほとんど見ることができない。なぜなら，小原も「音楽教育促進の一つは実にアトモスフィア，雰囲気を作ることである」（『私の音楽教育論（小原國芳全集19／教育論文・教育随想5)』）と言うように岡本イズムとは正に雰囲気であり，岡本はそれを共に味わうことに力点を置いた。しかしその雰囲気の中には目的と手段の関係が明確に存在しており，『愛吟集』の編集方針に見られるように，岡本の教育には「音楽の生活化」や子どもが楽しみながら音楽の本質を味わえる配慮が尽くされているのである。

課題

1. 学習指導要領第2章第6節音楽第3「指導計画の作成と内容の取扱」2　(1)のイで示されている「音楽との一体感を味わい，想像力をはたらかせて音楽と関わることができるよう，指導のねらいに即して体を動かす活動を取り入れること」という事項と，4名の音楽育法がどのように結びつくか，関連づけて考えてみよう。
2. 学年ごとの授業計画をするうえで，おさえておきたい音楽を構成する要素を書き出してみよう。
3. 音楽を構成する要素の学習で，積極的に体を動かす活動を取り入れた題材や教材を考えてみよう。

より深く学習するための参考文献

井上恵理・酒井美恵子『リトミックでつくる楽しい音楽授業』明治図書，2012年

板野和彦「リトミックにおけるリズム運動の学習内容に関する研究〜リトミックに関する用語の検討の基礎として」ダルクローズ音楽教育研究　通巻第31号，2006年

岡本敏明編著『愛吟集』玉川大学出版部，1948年

小原國芳「わたしたちの幼稚園」『教育問題研究・全人』21（33），1928年

音楽教育研究協会編「幼児教育・保育士養成のための『幼児の音楽教育』」音楽教育研究協会，1999年

小林恵子「リトミックを導入した早創期の成城幼稚園：小林宗作のリトミックを中心に」国立音
　楽大学研究紀要13号，1978年

佐藤温子「小学校音楽科におけるリトミックの可能性」日本ダルクローズ音楽教育学会研究大会
　資料，2008年

柴田礼子『子どものためのたのしい音遊び　伝え合い，表現する力を育む』音楽之友社，2009年

眞邉一近『ポテンシャル学習心理学（テキストライブラリ心理学のポテンシャル　5)』サイエン
　ス社，2019年

宮崎幸次『オルフの音楽教育～楽しみはアンサンブルから』レッスンの友社，1995年

柳沼てるこ『リズム・ムービング』音楽之友社，2003年

エミール・ジャック＝ダルクローズ，板野平監修，山本昌男訳『リズムと音楽と教育』全音楽譜
　出版社，2003年

エミール・ジャック＝ダルクローズ著，河口道朗編，河口眞朱美訳『リズム・音楽・教育（音楽
　教育学選集)』開成出版，2003年

オルフ，ケートマン『子どものための音楽　Ⅲb』，オルフ「子どものための音楽」研究会，1964
　年

コダーイ芸術教育研究所編『わらべうた・カノン曲集「まめっちょ」1』全音楽譜出版社，1976
　年

フォライ・カタリン，セーニ・エルジェーベト共著，羽仁協子他共訳『コダーイ・システムとは何か』
　全音楽譜出版社，1998年

第 11 章

共通教材

　　初心者（まったく鍵盤に触れたことのない）が無理なく弾けるような楽譜の提供が必須である。以下に示した共通教材はそう考え編曲されている。簡単だからといって音が充実していないことはない。片手ずつ，ゆっくりと焦らず練習してほしい。CDを利用し授業をすることは否定しないが，不器用でも先生のピアノ伴奏で歌うことはさらにお互いの信頼感や，楽しさを見つけることになるだろう。詳しい練習の方法については第1章に掲載した。ぜひ活用してほしい。

共通教材について

　親しまれてきた唱歌や童謡，わらべうた等を，子どもからお年寄りまで世代を超えて共有できるようになる。また我が国で長く歌われ親しまれている歌曲を歌唱教材として取り扱うことは，我が国のよき音楽文化を世代を超えて受け継がれるようにする上で大切である。さらに，生活の中の様々な場面で音楽を楽しんだり，共有したりする態度を養うことにつながっている。このような効果を狙っている。

　音楽の授業をするにあたって，具体的曲の指定はわずかに共通教材のみであることは上にも述べた。このことは指導する側と児童との関係において，自由な選曲ができる利点は多い。しかし決められた（学習指導要領に定められた）曲を提示しないままにしておくのはどうだろうか。まずは児童に提示して，反応を見てこんな曲もあると紹介だけに終わったとしてもやはり私はやるべきだと考える。決められているからという以外に何よりも，曲の好き嫌い，善し悪しを決めるのは指導側でなく子どもたちであることを認識したい。「この曲を古くて……」などという前にそれらの曲の良さを知ることこそ指導者に求められる音楽性だと考える。どんな曲も指導の仕方で児童によい刺激を与えるのだろう。まずはしっかりと曲を吟味したい。

　章の最後には，ピアノ初心者のためのアドバイスをあえて掲げた。

第1学年

う み

林　柳波 作詞
井上 武士 作曲

かたつむり

文部省唱歌

日のまる

高野 辰之 作詞
岡野 貞一 作曲

ひらいたひらいた

わらべうた

♩=66〜72

1 ひ　らいた　ひ　らいた　なんのはな　が　ひ　らいた
2 つ　ぽんだ　つ　ぽんだ　な　んのはな　が　つ　ぽんだ

れん　げのは　な　が　ひ　らいた　ひ　らいた　と　お　もった　ら
れん　げのは　な　が　つ　ぽんだ　つ　ぽんだ　と　お　もった　ら

い　つのま　に　か　つ　ー　ー　ぽ　ん　だ
い　つのま　に　か　ひ　ー　ー　ら　い　だ

2番は（　）の音で終わってもよい

かくれんぼ

第2学年

林　柳波 作詞
下 総 皖 一 作曲

か　くれん　ぼ　す　るも　の　よっ　と　いで

じゃ　ん　けん　ぼ　んよ　あ　いこ　で　しょ

(2回目) **mp**
(3回目) **p**

(1、2回目) もう　　いい　　かい　　　まだ　だい　よ
(3回目) もう　　いい　　かい　　　もう　だい　だい　よ

春がきた

高野辰之作詞
岡野貞一作曲

虫のこえ

文部省唱歌

1 あれまつ　むしが　ないてい　るや
2 キリキリ　キリキリ　こおろぎ　や

チンチロチンチロ　チンチロリン　あれすずら　むしもい
ガチャガチャガチャガチャ　くつわむし　あとから　うまおい

なきだしい　た　リンリンリンリン　リインリン
おいつい　て　チョンチョンチョンチョン　スイッチョン

夕やけこやけ

中村 雨紅 作詞
草川 信 作曲

うさぎ

第3学年

日本古謡

茶つみ

文部省唱歌

春の小川

高野 辰之 作詞
岡 野 貞 一 作曲

ふじ山

第4学年

さくらさくら

日本古謡

とんび

葛原しげる 作詞
梁田 貞 作曲

まきばの朝

文 部 省 唱 歌
船橋栄吉 作曲

1 た だーい ちき めだの んにたる たこー ちーや こーがー めやげ たのに まああゆ
2 も うーおき し の しびる たこ ひやのーか げ
3 い まーさ し

きめ ばりのかにらた あさ さかめ のいきたひ りーーのとりーーのうこやや みえま
きめ

ポきあ プラりにかいひ みーきーののれにい うあそ っちめ すこらりちれ とにた くうと
プラりかいひ

もみじ

高野 辰之 作詞
岡野 貞一 作曲

第5学年

こいのぼり

文部省唱歌

子もり歌
（陰旋法）

日本古謡

子もり歌
（陽旋法）

日本古謡

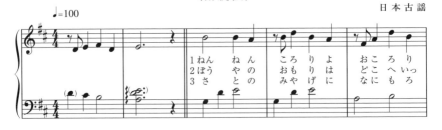

スキーの歌

林　柳波 作詞
橋本 国彦 作曲

1 か　がやく　ひのかー　げ　　ー　はゆー　る　　ー　のやー　まちん
2 と　ぶとぶ　おおぞー　ら　　ー　はしー　る　　ー　だいー　ちん
3 や　まこえ　おかこー　え　　ー　くだー　る　　ー　しゃめー　ん

か　がやく　ひのかー　げ　　ー　はゆー　る　　ー　のやー　まちん
と　ぶとぶ　おおぞー　ら　　ー　はしー　る　　ー　だいー　ちん　　ふいった
や　まこえ　おかこー　え　　ー　くだー　る　　ー　しゃめー　ん

も　と　を　め　げ　　がけて　　スてん　　タ　ー　ト　きう　れーば
ぱ　く　か　げ　　なーきえぎる　た　に　ち　ー　の　ば　め　ちーを
ち　ま　ち　さ　　えぎる　　た　に　を　ー　ば　め　がーけ

冬げしき

文部省唱歌

第6学年

越天楽今様

慈鎮和尚作歌
日本古謡

おぼろ月夜

高野辰之作詞
岡野貞一作曲

ふるさと

高野 辰之 作詞
岡野 貞一 作曲

われは海の子

文部省唱歌

第1学年

「うみ」(p. 195)

・おおらかに演奏できるよう，4小節をひとまとまりに捉えましょう。歌も伴奏も，朗々とレガートを保って演奏しましょう。

・"おおきいな"で伸ばしているときは，次の"つきがのぼるし〜"につながるよう，音楽が減衰しないように（2, 3番も同様に）。

・3番は1, 2番とは歌詞の内容が変わるので，憧れをもって美しく締めくくれるとよいでしょう。

「かたつむり」(p. 196)

・音符のリズムと歌詞の言葉をよく合わせられるよう，気をつけましょう。付点のリズムと，そうでないリズムの違いを明確にするとよいでしょう。"あたま"と"めだま"をしっかり聞き分けられるよう，はっきりと歌い分けましょう。

・"つの出せやり出せ〜"は元気に f で。

「日のまる」(p. 197)

・単純なリズムですが，前奏から正確に，端正に弾きましょう。

・"ああうつくしい"からは，前半の8小節の内容を踏まえて，気持ちを込めて歌えるとよいでしょう（多少音量を上げてもよいでしょう）。右手メロディーと左手の対旋律を，ハーモニーを感じながら弾けるとよいです。

「ひらいたひらいた」(p. 198)

・日本の音階の歌です。西洋の音階との違いをよく味わいながら演奏してみましょう。歌の音域は広くはありませんが，音程に気をつけて歌いましょう。

・"いつのまにか"に入る前は慌てず十分にブレスをしてよいです。

第2学年

「かくれんぼ」(p. 199)

・付点のリズムを軽快に演奏してください。伴奏を弾く際，付点のリズムで同じ音が続くので，詰まったり緩んだりしないよう，練習しましょう。

・"もういいかい"と"まあだだよ"は，ちゃんと問いと答えになるように。誰かと二人で歌ってみるのもよいでしょう。

「春がきた」(p. 200)

・喜びに満ちて，かつレガートで演奏しましょう。音が跳躍する箇所は，音の高さをよく感じて全身で表現するつもりで。

・歌の後半4小節は，終わりに向かって盛り上がるとよいでしょう。

「虫のこえ」(p. 201)

・虫の鳴き声がおもしろく，特徴的な歌です。鳴き声の箇所は，言葉と伴奏をしっかりと合わせて。たくさん出てくる虫の名前もはっきりと伝わるように歌いましょう。

・鳴き声と対比させて，"秋の夜長を鳴きとおす"からは，レガートで伸びやかに演奏するとよいでしょう。

「夕やけこやけ」(p. 203)

・ゆったりとした気分で，一つ一つの音を大切に演奏しましょう。左手の2分音符は，美しくよく響かせて。

・"おててつないで"からは，左手のスタッカートとテヌートの組み合わせも使いながら動きをもって。

・4小節ずつ変わっていく歌詞の風景を思い浮かべながら演奏できるとよいでしょう。

第3学年

「うさぎ」(p. 204)

・日本特有な音階でつくられている歌です。始めも終わりも，西洋音楽での調性や和声感はありませんが，日本古謡らしい音の並びをよく感じて，音と歌詞をよくタイミングを合わせて演奏しましょう（特に最後の，"はーねる"）。

「茶つみ」(p. 205)

・4／4拍子ですが，1小節を2拍子で捉えて軽快に演奏しましょう。4小節を1フレーズで歌って，4分休符二つをしっかり感じることにより，次のフレーズへつなげていくように。

・例えば，4分休符二つに手拍子や，合いの手を入れてみるのもよいでしょう。

「春の小川」(p. 206)

・凹凸のないなめらかな音型で，できるだけレガートでの演奏を心がけてください。左手の2分音符や全音符をしっかり保持しながら弾くと，レガートでの演奏の助けになります。

・何度も出てくる，ミソドドの音型を伸びやかに。

「ふじ山」(p. 207)

・歌詞の情景を思い浮かべながら，朗々と，誇り高く演奏しましょう。4小節ごとに起承転結につくられています。"富士は日本一の山"で堂々と締めくくれるとよいでしょう。

第4学年

「さくらさくら」(p. 208)

・言わずと知れた，日本古謡の名曲です。日本の音階，情景の色彩感をたくさん感じてください。琴や篠笛などの和楽器の音色を想像するのもよいでしょう。

・しっとりと優雅に演奏して，歌い終わりは少しゆっくり，余韻を残すときれいです。

「とんび」(p. 209)

・大空を気持ちよく飛び交うとんびを想像しましょう。

・鳴き声の"ピンヨロー"のエコーは，強弱だけでなく，飛んでいるとんびの高さや方向の変化も楽しめると，さらによいでしょう。

「まきばの朝」(p. 210)

・澄んださわやかな空気がただようように音を出してみましょう。

・美しい歌詞の言葉一つ一つをよく理解し，レガートで弾かれる音型に丁寧に乗せてみましょう。最後の鐘，鈴，笛の音も美しく響きをもって演奏しましょう。

「もみじ」(p. 212)

・歌詞も旋律も大変美しい名曲です。2小節，または4小節を1フレーズと捉えて，なだらかな音型の中にも膨らみをもたせてみましょう。

・右手のメロディーも，歌の旋律と同じようによく歌って弾きましょう。

第5学年

「こいのぼり」(p. 213)

・元気に勇ましく演奏しましょう。左手の伴奏は少しスタッカート気味に弾くとよいでしょう。

・メロディーの2種類の付点をよく区別すると，歯切れのよい仕上がりとなり

ます。

・付点8分音符の後の16分音符にも，しっかり母音を乗せて歌いましょう。

「子もり歌」【陰旋法】【陽旋法】（p. 214）

・いわゆるヨナ抜きの音階（第4音と第7音が抜かす）で，この曲の場合，レから始まる，レミファラシレという音列でつくられています。

・陰旋法では，第3音のファと第6音が陽旋法と比べると半音低くなります。両方をよく演奏し比べて，違いを味わってみましょう。

・優しい気持ちで，語りかけるように歌いましょう。

「スキーの歌」（p. 215）

・ウキウキと，雪原を滑走するスピード感が表現できるよう，付点のリズムも歯切れよく。

・音域が広い歌なので，速いテンポでも音にしっかり歌詞を乗せて歌えるように。

「冬げしき」（p. 217）

・穏やかな3拍子の曲です。美しい旋律をなだらかに膨らませながら，歌い込めてみましょう。特に3節目 “ただ水鳥の声はして〜” は伸びやかに盛り上がりをつくってください（2，3番も同様）。

第6学年

「越天楽今様」（p. 218）

・ヨナ抜きの陽旋法です（「子もり歌」参照）。

・雅楽で使われる楽器，笙や篳篥の音色を想像して，典雅な雰囲気を出せるとよいでしょう。雅やかでゆったりとした気分で演奏してみましょう。

「おぼろ月夜」（p. 219）

・弱起（アウフタクト）で始まる曲です。3拍目を大切に，そして次の小節へと受け継ぐ音型として気をつけて演奏することによって，美しく流れるフレーズをつくれます。

・3節目 “春風そよ吹く〜” は豊かな音色で盛り上げましょう（2番も同様）。

「ふるさと」（p. 220）

・4小節1節ごとに，丁寧に演奏しましょう。3節目をたっぷりと盛り上げて，4節目で穏やかにおさめて，曲を締めくくってください。

・歌も右手のメロディーもしっとりとレガートで演奏しましょう。

「われは海の子」(p. 221)

・速い4拍子ですが，2拍子（2／2）で捉えて，堂々と健康的に演奏するとよいでしょう。
・1節目と3節目のそれぞれ4小節目は，勢いを失わず次の節へつながるように。

より深く学習するための参考文献

梅沢一彦編『誰でもすぐ弾けるピアノ伴奏〜実習生・保育者・教員おたすけ楽譜集』ケイ・エム・ピー，2015年

索　引（事項）

索　引（人名）

執筆者および執筆分担

梅沢一彦（うめざわ・かずひこ）　編者，第1章，第2章，第3章，第5章，第11章
　　玉川大学教育学部教授

久保紘子（くぼ・ひろこ）　第2章，第7章
　　玉川大学非常勤講師

石倉朋美（いしくら・ともみ）　第3章
　　東京都北区立西が丘小学校教諭

小口浩司（おぐち・こうじ）　第4章，第9章
　　玉川大学非常勤講師

山岸　司（やまぎし・つかさ）　第5章
　　東京都豊島区立椎名町小学校主幹教諭

平田　誠（ひらた・まこと）　第6章
　　岐阜県高山市立北小学校校長

朝日公哉（あさひ・こうや）　第8章，第10章（岡本敏明）
　　玉川大学教育学部准教授

川村祥子（かわむら・しょうこ）　第10章
　　新渡戸文化短期大学教授

松本康子（まつもと・やすこ）　第11章
　　桐朋学園音楽学部非常勤講師，ピアニスト

教科指導法シリーズ　改訂第2版
小学校指導法　音楽

2016年2月25日　初版第1刷発行
2020年7月1日　改訂第2版第1刷発行

編著者————梅沢一彦
発行者————小原芳明
発行所————玉川大学出版部
　　　　　　〒194-8610　東京都町田市玉川学園6-1-1
　　　　　　TEL 042-739-8935　FAX 042-739-8940
　　　　　　http://www.tamagawa.jp/up/
　　　　　　振替　00180-7-26665
装幀————しまうまデザイン
印刷・製本———株式会社クイックス

JASRAC 出 1515285-003